Ingannati

Dio sta chiamando il Suo popolo a lasciare la Chiesa cattolica romana?

Kenneth March

Traduzione italiana a cura di
Ilaria A. Feltre e Alessio S. Lizzio

Ingannati: Dio sta chiamando il Suo popolo a lasciare la Chiesa cattolica romana?

Ingannati: Dio sta chiamando il Suo popolo a lasciare la Chiesa cattolica romana?
Titolo originale in inglese: "Misled - Is God Calling His People to Leave the Roman Catholic Church?"
di Kenneth March

Stampato negli Stati Uniti d'America

ISBN 9781732102668

A meno che non venga diversamente indicato, tutte le citazioni delle Scritture sono tratte dalla *Sacra Bibbia*, La Nuova Diodati (LND), Copyright © 1991, La Buona Novella s.c.r.l. Pubblicata su www.biblegateway.com.

Dedica

Questo libro è dedicato al miliardo e più di cattolici in tutto il mondo che è stato ingannato e disilluso dalla Chiesa cattolica romana.

Dio vorrebbe avere una relazione personale con ciascuno di loro, ma sono stati invece indotti a instaurare una relazione sterile con un'istituzione da cui hanno appreso molte dottrine erronee... Dottrine in conflitto con la Parola di Dio, come indicato nella Sacra Bibbia.

Prefazione

~~~~~~~~~~~~~

Una nota di Ken March per i cattolici e gli ex cattolici

Questo libro è stato scritto per i cattolici e gli ex cattolici in tutto il mondo che sono stati ingannati e disillusi dalla Chiesa cattolica. Ti hanno insegnato molte presunte verità spirituali che sono in aperto conflitto con la Parola di Dio, come indicato nella Sacra Bibbia.

Hai sentito cose che ti hanno indotto a prendere le distanze dalla Chiesa, come quella di migliaia di preti che hanno abusato sessualmente, violentato e sodomizzato bambini innocenti che erano stati affidati alla loro cura spirituale. I leader religiosi hanno cercato di nascondere questi abusi raccapriccianti agli occhi del pubblico, adottando un'elaborata cultura di segretezza, inganno e intimidazione, trasferendo i preti rei di parrocchia in parrocchia. Si sentono con frequenza voci sull'omosessualità dilagante, sugli scandali finanziari e sulle reti di intrighi ai piani alti della Chiesa.

Sia che tu sia un cattolico praticante e devoto sia che tu abbia smesso di andare in chiesa ma continui a definirti cattolico, il mio augurio è che questo libro ti possa aiutare ad allontanarti dalla relazione con l'organizzazione denominata *Chiesa cattolica romana* per iniziare una relazione personale con il Dio vivente che Si rivela a noi nella Bibbia.

Ho cercato di dare credito a tutti i concetti presentati in questo libro con citazioni tratte dalle Scritture. Alcune delle cose che leggerai potrebbero costringerti a mettere in discussione le tue convinzioni o quello che hai quantomeno accettato come verità... e che magari ti è stato insegnato in buona fede da genitori, suore o preti. Ed è bene che sia così: è importante mettere costantemente a confronto le proprie convinzioni con la Parola di Dio.

A meno che non sia diversamente specificato, i versetti citati sono tratti dalla traduzione della Bibbia denominata La Nuova Diodati (LND). Ho scelto questa traduzione perché è scritta in un italiano facile da capire, ma non è un requisito indispensabile utilizzarla. Ti esorto a prendere la tua Bibbia, non importa quale traduzione, e a cercare i versetti che vuoi mettere in discussione.

Le Bibbie cattoliche e quelle protestanti sono praticamente identiche e contengono le stesse verità; la differenza è che le Bibbie cattoliche includono altri sette libri, detti libri apocrifi, che non si trovano nelle Bibbie protestanti. Questi libri sono: Tobia, Giuditta, 1 Maccabei, 2 Maccabei, La Sapienza di Salomone, Siracide e Baruc. Si trovano frammisti agli altri libri dell'Antico Testamento. Nel capitolo dedicato al Purgatorio (Capitolo 3), troverai una descrizione del motivo per cui i protestanti non accettano questi libri come testi ispirati da Dio.

Questo libro parla di questioni di importanza eterna, pertanto ti invito a non accettare ciecamente come verità inconfutabile qualsiasi cosa ti venga detta da me o da chiunque altro. Devi prendere decisioni accorte e devi farlo tu stesso.

KennethMarch@rocketmail.com

Indirizzo email del traduttore: ilaria_feltre@hotmail.com

Indice dei contenuti

Capitolo 1

Insegnamenti privi di fondamento biblico delle chiese protestanti e cattoliche

Prova a chiedere ad un cattolico: "Sei cristiano?". La risposta più comune sarà: "No, sono cattolico".

In realtà, i cardini della fede della Chiesa cattolica e della maggior parte delle principali Chiese protestanti sono gli stessi: professano che Dio ha mandato il suo unigenito Figlio Gesù, nato da una vergine (Maria), per vivere una vita senza peccato e morire per i peccati del mondo. Dio lo ha fatto per rivelarSi e per manifestare il Suo amore verso l'umanità. Lo ha fatto perché l'uomo, con la sua natura di peccato, non avrebbe mai potuto essere all'altezza del Suo modello di santità; solamente il Figlio di Dio senza peccato sarebbe stato in grado di pagare completamente il prezzo dei peccati dell'umanità. Di conseguenza, abbiamo vita eterna se confidiamo che quello che Gesù ha fatto per noi è stato il completo pagamento per i nostri peccati e se Lo invitiamo ad essere il Signore della nostra vita. Se credi in queste cose, puoi essere sia cattolico che cristiano.

Purtroppo, in qualsiasi istituzione ecclesiastica che esista da diversi secoli (come nel caso della Chiesa cattolica) è inevitabile che si insinuino certe credenze che non trovano alcun fondamento nelle Sacre Scritture. Una volta messa al voto e accettata come verità da un'istituzione ecclesiastica, una credenza diventa una dottrina per quella chiesa, e niente e nessuno, eccetto magari un'apparizione fisica di Dio stesso in persona in tutta la Sua gloria, potrebbe convincere i membri di quella chiesa a riaprire la questione per discuterne ulteriormente.

Con il passare dei secoli, queste dottrine prive di fondamento biblico si accumulano e allontanano sempre di più la chiesa dalla verità della Parola di Dio, come nel caso della Chiesa cattolica.

La maggior parte dei lettori di questo libro troverà qualcosa che metterà in discussione una o più delle proprie convinzioni più radicate. Esorto il lettore o la lettrice a fare il possibile per mantenere una mente aperta. Molte delle nostre convinzioni presenti e passate, se non tutte, ci sono state impartite da altri esseri umani e molte di queste non trovano fondamento nelle Sacre Scritture. Se, come me, sei convinto che la Sacra Bibbia sia l'ispirata Parola di Dio, dobbiamo fare in modo che quello in cui crediamo si basi esclusivamente su questa Parola e non su dottrine o interpretazioni elaborate da esseri umani che non hanno un chiaro fondamento biblico. Dobbiamo sempre farci questa domanda: *"Le mie convinzioni su questo argomento provengono esclusivamente dalla Parola di Dio oppure da un essere umano?"*. Se provengono da un essere umano, devono essere considerate come sospette e irrilevanti per la fede cristiana.

Per chi ha studiato teologia in maniera approfondita, alcuni dei fatti presentati in questo libro potrebbero risultare difficili da accettare. Magari questi lettori hanno avuto come insegnanti professori molto eruditi e rispettati e hanno accolto come verità inconfutabili gli insegnamenti ricevuti, senza corroborarne personalmente la validità secondo le Scritture. Con questo non voglio affermare che tutte le *mie* conclusioni teologiche siano corrette. I credenti ripieni di Spirito Santo possono avere interpretazioni diverse. Nessuno ha il monopolio sull'esegesi della Parola di Dio.

A meno che non abbia specificato diversamente, ho utilizzato La Nuova Diodati (LND) per citare le Scritture, perché è una traduzione facile da capire.

Dottrine infondate della Chiesa protestante

Le denominazioni protestanti non sono esenti dall'accumulo di convinzioni prive di fondamento biblico.

Purtroppo sono in molti a ritenere le varie denominazioni protestanti come "religioni" diverse, ma questo preconcetto non potrebbe essere più lontano dalla realtà. Quasi tutte le principali denominazioni protestanti (Metodisti, Luterani, Presbiteriani, Pentecostali, Battisti, Avventisti del settimo giorno, ecc.) professano gli stessi principi cristiani della Chiesa cattolica. Sono semplicemente Chiese cristiane e la religione a cui appartengono è il Cristianesimo.

Nella maggior parte dei casi, le varie denominazioni si sono scisse per via di differenze dottrinali relativamente marginali. Invece di mostrare il tipo di unità per cui Gesù ha pregato in Giovanni 17, hanno manifestato il contrario: una deludente divisione che ha confuso gran parte del mondo per quanto riguarda il messaggio essenziale del Cristianesimo.

*Or io (Gesù) non prego solo per questi, ma anche per
quelli che crederanno in me per mezzo della loro parola
affinché siano tutti uno, come tu, o Padre, sei in me e io
in te, siano anch'essi uno in noi, <u>affinché il mondo
creda che tu mi hai mandato</u>. E io ho dato loro la gloria
che tu hai dato a me, affinché siano uno come noi siamo
uno. Io sono in loro e tu in me, <u>affinché siano perfetti
nell'unità, e affinché il mondo conosca che tu mi hai
mandato e li hai amati, come hai amato me</u>.*
– Giovanni 17:20-23

Io ho l'impressione che gli ambiti specifici di differenza dottrinale
che distinguono ciascuna denominazione dalle altre principali
denominazioni protestanti siano precisamente i punti deboli delle
loro teologie. Ecco alcuni esempi:

I Luterani del Sinodo del Missouri insistono con zelo sul fatto che
il pane e il vino della Santa Comunione siano il *vero* corpo e
sangue di Gesù, e non tollerano alcuna allusione alla possibilità
che *rappresentino* il Suo corpo e il Suo sangue. Sostengono che il
corpo e il sangue di Gesù siano "dentro, con e sotto" il pane e il
vino; un concetto alquanto vago, nonché altrettanto difficile da
esprimere di quanto non lo sia da comprovare.

Gli Avventisti del settimo giorno sostengono che il vero giorno del
Signore sia il sabato e non la domenica. Tecnicamente, potrebbero
avere ragione. Inoltre, non celebrano Natale o Pasqua e non
vedono di buon occhio qualsiasi membro che non sia vegetariano.

Alcuni Battisti ritengono che bere, ballare, mettersi il trucco e
giocare a carte siano attività peccaminose e tipiche dei miscredenti.

I Pentecostali sottolineano l'importanza del dono del parlare in lingue a tal punto da sospettare che chiunque non parli in lingue possa non avere lo Spirito Santo.

E via dicendo... Un gruppo di cristiani giudica un altro gruppo di cristiani in base a criteri secondari che non sono essenziali per la salvezza.

Satana è veramente astuto! Capisce bene il principio "dividi e conquista". E di sicuro è riuscito a dividere la chiesa di Dio in terra, spesso per mezzo di differenze insignificanti. Il messaggio di Dio sulla salvezza è stato ritenuto incoerente dalla maggior parte del mondo proprio per via di questi futili battibecchi tra le varie denominazioni. Invece di riconoscere i propri fratelli come altri membri del Corpo di Cristo, alcuni non frequentano neppure i credenti di altre denominazioni; magari temono che, per associazione, la loro dottrina "perfetta" possa essere in qualche modo contaminata.

Alcune denominazioni non avrebbero neppure permesso al rispettatissimo reverendo dottor Billy Graham, mancato di recente, di predicare nella propria chiesa, perché non aveva accettato tutti i principi bizzarri delle loro dottrine. Quanta pazienza ha il nostro Signore per sopportare i comportamenti assurdi e infantili di coloro che Lui ama!

Ho l'impressione che al momento lo Spirito Santo si stia muovendo in tutto il mondo per cominciare a unire denominazioni cristiane diverse. Sarebbe una potentissima testimonianza dell'amore di Dio se tutti cominciassero a cooperare per portare al mondo il messaggio della salvezza tramite Gesù Cristo.

Dottrine infondate della Chiesa cattolica

Come già accennato, i principi fondamentali della Chiesa cattolica secondo cui la salvezza avviene solo per mezzo della grazia attraverso la fede nel sacrificio salvifico di Gesù Cristo sono rimasti intatti; tuttavia la quantità e l'entità delle dottrine contrarie alla Bibbia che si sono accumulate nel corso dei secoli hanno trasformato la Chiesa cattolica, rendendola quasi irriconoscibile come organismo ecclesiastico cristiano che crede nella Bibbia.

Maria, la madre di Gesù, era senza peccato

La dottrina cattolica dell'Immacolata Concezione fu proclamata per la prima volta dalla chiesa nel 1854. Secondo questa dottrina, Maria fu concepita senza il peccato originale. In altre parole, rimase senza peccato per tutto il tempo in cui visse. Sembrerebbe che questa idea non fosse neppure una tradizione della chiesa delle origini fino al 1100 d.C. circa, e non ha alcun fondamento biblico.

Maria rimase vergine a vita

Questa è un'altra dottrina della Chiesa cattolica che è difficile da difendere.

> «*Non è costui il figlio del falegname? Sua madre non si chiama Maria e i suoi fratelli Giacomo, Iose, Simone e Giuda? E le sue sorelle non sono tutte fra noi? Da dove ha egli dunque ricevuto queste cose?*».
>
> – *Matteo 13:55-56*

13

I credenti devono pregare i santi

Il Concilio di Trento, tenutosi in tre fasi dal 1545 al 1563, costituì la prima occasione in cui venne fornita una spiegazione della dottrina della Chiesa cattolica secondo cui i santi in paradiso pregano per i viventi. Pertanto ai credenti viene detto che le loro preghiere avranno maggiore influenza se sono presentate a Dio da Maria o da altri santi che intercedono per loro. La Bibbia non indica da nessuna parte che i santi (i credenti in Gesù Cristo che sono morti prima di noi) pregano per noi e neppure che possono vederci o sentirci.

L'Assunzione di Maria

Nel 1950, Papa Pio XII annunciò come dottrina della Chiesa cattolica che, alla fine della sua vita terrena, Maria fu trasportata anima e corpo in paradiso. Non fu specificato se fosse stata presa da viva o da morta. La maggior parte dei teologi cattolici presume che ciò sia avvenuto dopo la sua morte.

Il Papa come vicario di Cristo

La Chiesa cattolica afferma che il Papa è il capo stabilito da Dio sulla Chiesa cristiana in terra e che, quando parla in funzione di vicario di Cristo, è infallibile, per cui tutti i Cristiani devono obbedirgli. Alcune delle parole di Gesù sono state "abbellite" e ampliate per appoggiare questa dottrina della Chiesa.

Il purgatorio

La Chiesa cattolica lo definisce un posto di punizione temporanea nel quale vanno i morti per espiare peccati minori, perdonabili, ma per cui non c'è stato pentimento, al fine di potersi poi guadagnare l'accesso al paradiso di un Dio santo. Questo insegnamento deriva

principalmente da uno dei libri dei testi apocrifi, che non sono
riconosciuti come l'ispirata Parola di Dio dai credenti non cattolici.

Effettueremo un approfondimento su queste e su altre dottrine
della Chiesa cattolica romana più avanti.

Capitolo 2

Se le dottrine della Chiesa protestante e della Chiesa cattolica sono imperfette, perché concentrarsi sui difetti della Chiesa cattolica?

Satana è all'opera in tutte le nostre chiese, sia cattoliche che protestanti. Abbiamo già visto come sia in grado di confondere buona parte del mondo, inducendo le persone a credere che le varie denominazioni cristiane siano religioni diverse e a chiedersi se ce ne sia una che abbia ragione e, se sì, quale.

E allora perché questo libro è dedicato principalmente alle dottrine contrarie alla Bibbia della Chiesa cattolica? Innanzitutto, perché molte delle dottrine cattoliche servono per distogliere l'attenzione dei parrocchiani da Gesù Cristo: il capo glorioso della chiesa sulla terra! <u>Qualsiasi persona o cosa che devia la lode, l'onore, l'adorazione o le preghiere dei credenti da Dio per rivolgerli a qualsiasi altra persona o cosa commette un gravissimo errore e pecca contro Dio.</u>

Gesù è il Re dei re, il Signore dei signori, l'Agnello di Dio, la Luce del mondo e l'unigenito Figlio di Dio. Il Suo nome è al di sopra di ogni nome e a Lui è stato dato ogni potere sia in cielo che in terra.

> *Poiché un bambino ci è nato, un figlio ci è stato dato.*
> *Sulle sue spalle riposerà l'impero, e sarà*

chiamato Consigliere ammirabile, Dio potente, Padre eterno. Principe della pace. – Isaia 9:6

Alla ricerca di Gesù in San Pietro

Ho avuto l'opportunità di visitare la Basilica di San Pietro in Vaticano: il più grande edificio ecclesiastico che esista al mondo. È una vera e propria meraviglia architettonica: sontuosissima, con una superficie di circa 22 000 metri quadrati, 44 altari, 11 cupole e 778 colonne. Per metterne le dimensioni in prospettiva, la superficie di vendita dell'IKEA di Pisa è di 20 000 metri quadrati e per quanto riguarda l'altezza, non ci si avvicina neppure. Una delle cupole si eleva a più di 136 metri di altezza.

Ci sono stupendi marmi policromi, importati da tutto il mondo; arazzi di gran valore; oro, argento e pietre preziose. Da un punto di vista strettamente pecuniario, si stima che riprodurre la basilica di

San Pietro costerebbe diversi miliardi di dollari, senza includere le varie opere d'arte di valore inestimabile, realizzate dai più grandi maestri. Una di queste opere è *La Pietà* di Michelangelo: una bellissima opera d'arte in marmo bianco che raffigura il corpo senza vita di nostro Signore tra le braccia di sua madre Maria.

La Pietà

Se questo è il modo in cui viene onorato un papa del XVII secolo nella basilica di San Pietro, a ragion di logica ancora più maestose dovranno essere le opere dedicate a Gesù Cristo.

Visitando questa imponente cattedrale con 395 statue dedicate a papi, re e santi, mi ha colpito il fatto che, nonostante tutta l'opulenza e lo sfarzo, non ci fosse praticamente niente che glorificasse il Re dei re e Signore dei signori! C'erano molte immagini del bambin Gesù nelle braccia di Maria e immaginette di Gesù sulla croce. Di statue grandi di Gesù ne ho vista solo una, in cui Lui si trova seduto, circondato dalle statue di San Paolo, San Pietro ed un papa. Mentre mi trovavo lì davanti pensavo: "Al Figlio di Dio non hanno neppure dedicato una bella statua monumentale che Lo raffigurasse da solo: deve condividere lo spazio con un paio di morti". Ops! Volevo dire "santi deceduti".

Ho anche scorto una statua di Gesù nel colonnato esterno.
Guardando attentamente, lo si vede nella foto riportata di seguito.
È il secondo da sinistra in cima all'edificio e porta una croce. Si
trova tra altre 139 statue di santi deceduti.

Mi è quasi impossibile esprimere la profonda delusione e
indignazione che ho provato uscendo da questo sontuoso edificio,
nel quale non si è cercato in alcun modo di dare a Gesù Cristo, il
Salvatore del mondo, tutto l'onore e la gloria che merita.

> *Perciò anche Dio lo ha sovranamente innalzato e gli ha*
> *dato un nome che è al di sopra di ogni nome, affinché*
> *nel nome di Gesù si pieghi ogni ginocchio delle*
> *creature (o cose) celesti, terrestri e sotterranee, e ogni*
> *lingua confessi che Gesù Cristo è il Signore, alla gloria*
> *di Dio Padre. – Filippesi 2:9-11*

Per dare un'idea, la foto che segue raffigura la statua di *Cristo*
Redentore, alta 38 metri, che si erge sopra la città di Rio de
Janeiro, in Brasile. I soldi necessari per costruirla sono stati forniti
dalla Comunità cattolica del Brasile. Questo sì che è encomiabile!

Egli è l'immagine dell'invisibile Dio, il primogenito di ogni creatura, poiché in lui sono state create tutte le cose, quelle che sono nei cieli e quelle che sono sulla terra, le cose visibili e quelle invisibili: troni, signorie, principati e potestà; tutte le cose sono state create per mezzo di lui e in vista di lui, Egli è prima di ogni cosa e tutte le cose sussistono in lui. Egli stesso è il capo del corpo, cioè della chiesa. – Colossesi 1:15-18

La venerazione di Maria

Un altare dedicato a Maria

Abbiamo un nemico che vuole distruggerci. È un nemico reale ed è incredibilmente astuto e subdolo. Satana è all'opera giorno e notte per cercare di impedire alle persone di entrare nella relazione intima ed esclusiva che Dio vuole avere con ognuno di loro. Penso che il nemico abbia visto in Maria una persona di cui nessuno avrebbe potuto parlare male e ha afferrato l'opportunità al volo. La Bibbia ci mette in guardia.

> *Siate sobri, vegliate, perché il vostro avversario, il diavolo, va attorno come un leone ruggente cercando chi possa divorare. – 1 Pietro 5:8*

Il ladro (Satana) *non viene se non per rubare, uccidere e distruggere; ma io* (Gesù) *sono venuto affinché abbiano la vita e l'abbiano in abbondanza.*
– Giovanni 10:10

Maria fu scelta da Dio stesso come madre terrena del Salvatore del mondo. L'angelo Gabriele la chiamò benedetta, e lei lo era, in quanto era stata scelta per partorire e aiutare a crescere il Figlio di Dio, che aveva messo da parte la Sua divinità per prendere sembianze umane.

E l'angelo le disse: «Non temere, Maria, perché hai trovato grazia presso Dio. Ed ecco, tu concepirai nel grembo e partorirai un figlio, e gli porrai nome Gesù. Egli sarà grande e sarà chiamato Figlio dell'Altissimo ... e il suo regno non avrà mai fine!». – Luca 1:30-33

Una volta ho sentito dire una cosa che mi è piaciuta molto: probabilmente Dio scelse Maria per ricevere il più grande degli onori perché lei era "disposta". Quante adolescenti sarebbero disposte a sopportare i pettegolezzi ingiusti, gli schernitori e la disapprovazione di parenti, amici e vicini? Maria era disposta persino ad affrontare la pena di morte in una società che non tollerava in alcun modo che un'adolescente fosse non sposata ed incinta. Bisogna dare eternamente atto a Maria per la sua risposta all'angelo:

« «Ecco la serva del Signore; mi sia fatto secondo la tua parola»». – Luca 1:38

Maria avrà avuto anche altre ottime qualità personali che fecero sì che Dio la scegliesse per crescere il Suo unigenito Figlio, ma mettiamo le cose in chiaro: Maria <u>non</u> è la madre di Dio! Dio è eterno, Maria era un essere umano. In un versetto che profetizza la nascita di Gesù, si legge...

> *«Ma tu, o Betlemme Efratah, anche se sei piccola fra le migliaia di Giuda, da te uscirà per me colui che sarà dominatore in Israele, <u>le cui origini sono dai tempi antichi, dai giorni eterni</u>». – Michea 5:2*

Anche Gesù ebbe a che fare con persone che volevano venerare Sua madre. Dovette ridirigere le attenzioni di una donna verso chi ne era degno: Dio.

> *Or avvenne che, mentre egli diceva queste cose, una donna della folla alzò la voce e gli disse: «Beato il grembo che ti ha portato e le mammelle che ti hanno allattato». Ma egli disse: «Beati piuttosto coloro che odono la parola di Dio e l'osservano». – Luca 11:27-28*

Per evitare qualsiasi malinteso, non sto cercando di parlare male di Maria. Conosciamo tutti l'istinto di protezione che possono avere i figli maschi verso la madre e l'ultima cosa che voglio è (per così dire) mettermi Gesù contro!

Un altro altare dedicato a Maria

27

La venerazione dei santi

La Bibbia usa il termine "santi" per definire chiunque abbia accettato Gesù come Signore e Salvatore e che, in virtù di questo fatto, è destinato ad andare in paradiso, oppure già ci si trova.

Quando la Chiesa cattolica parla di "santi", si riferisce a qualcosa di completamente diverso, ovvero alle persone che l'istituzione stessa ha nominato "santi". I criteri di canonizzazione della Chiesa cattolica sono molto severi. Uno di questi criteri è l'aver compiuto tre miracoli verificabili. Soffermiamoci un attimo su questo punto.

Io credo che tutti i miracoli verificabili siano stati compiuti dalla sola ed esclusiva potenza di Dio e normalmente invocando il nome di Gesù Cristo. Io e innumerevoli altri cristiani abbiamo imposto le mani sui malati, pregato nel nome di Gesù e assistito a guarigioni miracolose, ma io non ho mai guarito nessuno! Né credo che l'abbia mai fatto qualsiasi altro essere umano.

Nel libro degli Atti degli Apostoli, capitolo 3, è riportato un miracolo di San Pietro. Subito la gente ha pensato che fosse stato Pietro ad aver compiuto il miracolo ma, poche righe dopo, lui stesso spiega che non era stato lui a farlo, bensì Dio.

> *Ma Pietro disse: «Io non ho né argento né oro, ma quello che ho te lo do: <u>nel nome di Gesù Cristo</u> il Nazareno, alzati, e cammina!». E presolo per la mano destra, lo sollevò; e in quell'istante i suoi piedi e le caviglie si rafforzarono. E con un balzo si rizzò in piedi e si mise a camminare; ed entrò con loro nel tempio, camminando, saltando e lodando Dio. – Atti 3:6-8*

Le parole di Pietro dimostrano la sua fiducia completa nel fatto che Dio fosse capace e disposto a guarire quell'uomo nel nome di Gesù. È stato Dio a compiere la guarigione, non Pietro, come dice lui stesso:

> *E tutto il popolo lo vide camminare e lodare Dio, e lo riconobbero per quel tale che sedeva alla porta Bella del tempio chiedere l'elemosina, e furono ripieni di sbigottimento e di stupore per ciò che gli era accaduto. Ora, mentre quello zoppo che era stato guarito si teneva stretto a Pietro e a Giovanni, tutto il popolo attònito accorse verso loro al portico, detto di Salomone. E Pietro, vedendo ciò, parlò al popolo dicendo: «Uomini d'Israele, perché vi meravigliate di questo? <u>O perché fissate su di noi gli occhi come se per la nostra propria potenza o pietà avessimo fatto camminare costui? Il Dio di Abrahamo, di Isacco e di Giacobbe, il Dio dei nostri padri ha glorificato il suo Figlio Gesù</u>. – Atti 3:9-13*

<u>È Dio a fare i miracoli, non le persone</u>. E questo vale anche per le persone canonizzate come "santi" dalla Chiesa cattolica.

Il Paolo della Bibbia viene chiamato San Paolo perché ha combattuto la buona battaglia e ora è con il Signore, avendo confidato nella salvezza conquistata per lui da Gesù, per mezzo della sua morte sulla croce e non perché la Chiesa cattolica abbia deciso di dichiararlo ufficialmente "santo".

Come già accennato, la Chiesa cattolica sostiene che i santi in paradiso preghino per i viventi, per cui viene detto ai credenti che le loro preghiere avranno maggiore influenza se sono presentate a Dio da Maria o da altri santi che intercedono per loro.

Avrei voluto essere una mosca sulla parete, la prima volta che qualcuno ha suggerito di pregare i santi defunti! Mi chiedo quale reazione iniziale abbia suscitato questa proposta.

Non c'è niente nella Bibbia che suggerisca che i morti possano vedere o sentire quello che accade in terra. Di sicuro non c'è niente che indichi di pregare queste persone e molti riferimenti nelle Scritture dicono chiaramente che non lo si deve fare.

Non c'è un modo facile per dire quello che sto per dire... ma una chiesa che distoglie i cuori e le menti da Dio per rivolgere l'attenzione verso qualsiasi cosa che non sia Dio promuove l'***idolatria***. Questa è una violazione palese del primo comandamento.

> *"Non avrai altri dei davanti a me. <u>Non ti farai scultura alcuna né immagine alcuna delle cose che sono lassù nei cieli o quaggiù sulla terra o nelle acque sotto la terra. Non ti prostrerai davanti a loro e non le servirai</u>, perché io, l'Eterno, il tuo DIO, sono un Dio geloso".*
>
> *– Esodo 20:3-5*

Nelle Scritture, Dio ci dice diverse volte di essere un Dio geloso.

> *Poiché dunque non vedeste alcuna figura il giorno che l'Eterno vi parlò in Horeb dal mezzo del fuoco, vegliate diligentemente sulle anime vostre, <u>perché non vi corrompiate e vi facciate qualche immagine scolpita, nella forma di qualche figura: la rappresentazione di un uomo o di una donna</u>, la rappresentazione di un animale che è sulla terra, la rappresentazione di un uccello che vola nel cielo, la rappresentazione di ogni cosa che striscia sul suolo, la rappresentazione di un pesce che è nelle acque sotto la terra; perché alzando gli occhi al cielo e vedendo il sole, la luna, le stelle, tutto cioè l'esercito celeste, tu non sia attirato a prostrarti davanti a queste cose e a servirle, cose che l'Eterno, il tuo DIO, ha assegnato a tutti i popoli che sono sotto tutti i cieli. – Deuteronomio 4:15-19*

Nonostante tutti gli ammonimenti di Dio, la pratica dell'idolatria tra gli israeliti finì per distruggere la nazione e per disperdere il popolo ebraico tra molte nazioni, dove furono perseguitati senza alcuna pietà per diversi secoli, proprio come Dio aveva annunciato. Storicamente, questo fenomeno viene chiamato Diaspora ed ebbe inizio nel 70 a.C., quando i Romani cominciarono a costringere gli Ebrei a lasciare la propria terra d'origine, nella quale avevano vissuto per più di un millennio. Solo nel 1948 gli Ebrei cominciarono a tornare in Israele. Dio aveva promesso che un giorno li avrebbe riportati nella terra che Lui aveva dato loro.

E *tu*, chi onorerai con le tue preghiere e la tua lode? Il Creatore o la creazione?

Il nostro mediatore, il nostro avvocato è Gesù e nessun altro che Gesù!

Non è Maria, non è un prete, non è un "santo" e non è neppure il Papa. Gesù ci ha detto di pregare *Dio Padre*, nel Suo nome.

> *M a tu, quando preghi, entra nella tua cameretta, chiudi la tua porta e prega il Padre tuo nel segreto; e il Padre tuo, che vede nel segreto, ti ricompenserà pubblicamente. – Matteo 6:6*

Sembra che su questo ci sia confusione. Se cerchi tutti i versetti delle Scritture che parlano di questo argomento, scoprirai, come ho scoperto anch'io, che ci viene sempre detto di pregare Dio Padre. Ammetto di essere rimasto sorpreso di non aver trovato nessuna parte delle Scritture che ci dica di pregare Gesù o lo Spirito Santo. Tuttavia, siccome la Bibbia non fornisce indicazioni al riguardo, non affermerò che sia sbagliato rivolgere preghiere a Gesù o allo Spirito Santo. Dopotutto fanno parte della Santa Trinità e sono pertanto uno con Dio Padre. Tuttavia, di sicuro *non* si deve pregare nessun altro all'infuori di Dio!

Gesù disse...

> *"In quel giorno non mi farete più alcuna domanda. In verità, in verità vi dico che <u>tutto ciò che domanderete al Padre nel mio nome, egli ve lo darà</u>. Finora non avete chiesto nulla nel mio nome; chiedete e riceverete, affinché la vostra gioia sia completa. Vi ho detto queste cose in similitudini, ma l'ora viene in cui non vi parlerò più in similitudini, ma vi parlerò del Padre apertamente. In quel giorno chiederete nel mio nome; e*

non vi dico che io pregherò il Padre per voi; il Padre stesso infatti vi ama, poiché voi mi avete amato e avete creduto che io sono proceduto da Dio". – Giovanni 16:23-27

Di nuovo il diavolo lo (Gesù) trasportò sopra un monte altissimo e gli mostrò tutti i regni del mondo e la loro gloria e gli disse: «Io ti darò tutte queste cose se, prostrandoti a terra, mi adori». Allora Gesù gli disse: «Vattene Satana, poiché sta scritto: "Adora il Signore Dio tuo e servi a lui solo"». – Matteo 4:8-10

San Francesco d'Assisi   San Domenico   Sant'Elia

Ingannati: Dio sta chiamando il Suo popolo a lasciare la Chiesa cattolica romana?

San Pietro Fondatore

San Pietro d'Alcàntara

San Camillo de Lellis

Santa Lucia Filippini

San Luigi di Montfort

Sant'Antonio Zaccaria

Sant'Ignazio di Loyola

San Francesco da Paola

San Giovanni Bosco

Ingannati: Dio sta chiamando il Suo popolo a lasciare la Chiesa cattolica romana?

San Giovanni de La Salle

San Giovanni Eudes

Santa Maddalena Sofia Barat

San Filippo Neri

San Vincenzo de' Paoli

Santa Teresa di Gesù

San Guglielmo

Sant'Angela Merici

San Paolo della Croce

Ingannati: Dio sta chiamando il Suo popolo a lasciare la Chiesa cattolica romana?

San Girolamo Emiliani

San Gaetano Thiene

San Giovanni di Dio

San Pietro Nolasco

Santa Francesca da Roma

Sant'Alfonso de' Liguori

San Francesco Caracciolo

San Francesco di Sales

San Benedetto

Ingannati: Dio sta chiamando il Suo popolo a lasciare la Chiesa cattolica romana?

San Bonfiglio Monaldi

San Norberto

Santa Giuliana Falconieri

San Bruno

San Giuseppe Calasanzio

Santa Giovanna Antida Thouret

Santa Francesca Cabrini

Santa Maria Pelletier

Santa Luisa di Marillac

La venerazione di luoghi e oggetti

Una reliquia, ad esempio un pezzo della croce su cui è stato crocifisso Gesù, non possiede alcun valore o potere spirituale. Venerare queste reliquie, baciandole riverentemente, pensando che abbiano in qualche modo il potere di benedire una persona, significa disonorare Dio, che è la fonte di ogni benedizione.

Ho visto cattolici che baciano reliquie, che si genuflettono e fanno il segno della croce davanti ad una statua, che accendono cerimoniosamente candele, che si inginocchiano di fronte al Papa e gli baciano l'anello, che strofinano per superstizione i piedi di una statua dell'apostolo Pietro e persino che baciano i gradini e la porta di un luogo che considerano "santo". Di sicuro queste dimostrazioni di affetto sono fuori luogo e offendono il nostro Dio. Chi può ricorrere alla scusa di non saperlo, quando la Parola di Dio non lascia ombra di dubbio al riguardo?

Si dice che siamo stati tutti creati con nel cuore un vuoto a forma di Dio, e che solo Lui può colmare quel vuoto. Sono convinto che sia vero, ma ovviamente non in senso letterale. Dio vuole essere Colui che colma quel vuoto nel cuore; non vuole che noi cerchiamo di riempirlo venerando persone, luoghi e oggetti; inoltre disapprova i leader ecclesiastici che inducono le persone a distogliere l'attenzione da Lui per dirigerla verso queste cose.

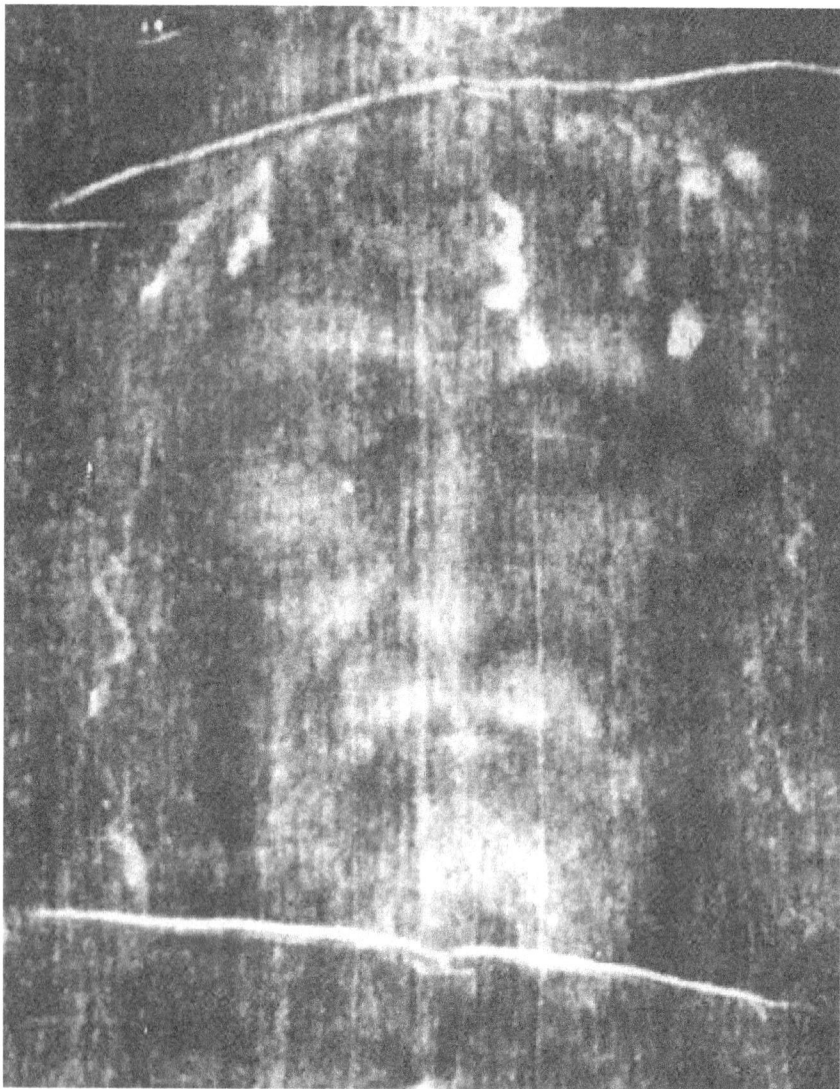

La Sacra Sindone

Persone che strofinano per superstizione i piedi di una statua di San Pietro

Capitolo 3

L'inganno dei fedeli della Chiesa

La supremazia della Chiesa

Nel mondo ci sono circa 1,2 miliardi di preziose anime che si definiscono cattoliche. Alcune di loro sono i fedeli che continuano a cercare diligentemente Dio all'interno della Chiesa cattolica.

E poi c'è chi magari in passato frequentava una scuola cattolica e/o andava a messa, ma che non è più praticante, perché considera la Chiesa come qualcosa di troppo distante dalla propria vita quotidiana.

Nella maggior parte dei casi, questa moltitudine di 1,2 miliardi di persone non è mai andata a messa regolarmente, non si confessa, non prega e non legge la Bibbia, se non saltuariamente. Può darsi che il Cattolicesimo sia stata la religione dei loro genitori e nonni, o anche di diverse generazioni precedenti, ma non sono Cattolici praticanti.

Nel mondo intero, la percentuale delle persone che va regolarmente a messa, anche in paesi di predominanza cattolica, è vertiginosamente in declino.

Lo scopo principale della Chiesa cattolica è ed è sempre stato quello di cercare di indurre le persone a instaurare una relazione con *la Chiesa*, che è ben diverso dall'avere una relazione personale con Dio. Per diversi secoli la Chiesa cattolica si è adornata con sfarzose vesti di autorità e potere, soggiogando il popolo nel timore e nell'accettazione del fatto che l'autorità della Chiesa fosse stata stabilita da Dio in persona.

Per reazione naturale, le vesti sfarzose di potere e autorità mettono in soggezione le persone

Una delle tattiche adottate dalla Chiesa per mantenere un'aura di legittimità è l'intimidazione intellettuale e spirituale a cui vengono soggetti i devoti. Esiste un lessico cattolico contenente quasi *duemila* termini che riguardano, in maniera diretta o indiretta, il Cattolicesimo, la lode, i principi morali, la devozione, il diritto canonico e la spiritualità. Se sei cattolico, ti potresti chiedere: "Ma se non capisco nemmeno il vocabolario che usa la Chiesa, chi sono

43

io per mettere in discussione le azioni, gli ordini e le dichiarazioni di preti, vescovi, arcivescovi, cardinali e del Papa in persona?".

"Questi uomini che indossano tonache e vesti costosissime, croci e copricapi a punta, che portano bastoni d'oro con sopra croci d'oro, sicuramente ne sapranno molto più di me sulle questioni spirituali".

Tradizionalmente, le messe si svolgevano in latino, per cui i laici (le persone che non facevano parte del clero) capivano ben poco di quello che veniva detto. Aveva tutto un aspetto alquanto misterioso e spirituale. Si dovette attendere fino al 29 novembre 1964 per la prima messa negli Stati Uniti d'America in lingua inglese... stemperata con un po' di latino. Tanto per avere un'idea del periodo storico in cui ci si trovava, l'evento coincise con l'invasione degli Stati Uniti da parte dei Beatles (la famosa band inglese).

Per quanto riguarda la lettura della Bibbia, la Chiesa cattolica non esorta i Cattolici a leggere e studiare la Parola di Dio. Ritengo invece che sia appropriato dire che la maggior parte del clero nella Chiesa cattolica abbia maggiore dimestichezza con le dottrine, le dichiarazioni e la posizione della Chiesa cattolica, di quanta ne abbia con le Sacre Scritture.

Pertanto, se leggi e conosci veramente la Bibbia, potresti saperne di più tu su chi è Dio e sulla Sua natura, di quanto non ne sappiano quegli uomini con vesti costosissime, cappelli a punta e bastoni d'oro.

Per diversi secoli, i leader ecclesiastici hanno dimostrato di non essere adeguatamente informati sui veri contenuti della Bibbia. Alcuni ritenevano che tanto nessuno l'avrebbe letta, visto che era disponibile solo in latino e non si aveva nessuna intenzione di tradurla nella lingua della gente comune. Inoltre, non erano ancora state inventate le macchine da stampa, per cui nessuno poteva andare in libreria e comprarsi una copia della Bibbia. Questo avrebbe creato diversi problemi: avrebbe dato ai parrocchiani la possibilità di contestare quello che diceva la Chiesa.

La Parola di Dio ci esorta a studiare personalmente le Scritture. È la Sua Parola che alimenta la fede: la Bibbia dice che la fede viene dall'ascolto (e dalla lettura) della Parola di Dio. È attraverso la Sua Parola che lo Spirito Santo comunica la volontà e i pensieri che Dio ha per noi ed è la Sua Parola a cambiare i nostri cuori e la direzione della nostra vita. Questo rinnovamento è conosciuto come processo di santificazione. Dio ci benedice per mezzo della Sua Parola perché, quando cominciamo a conformare le nostre vite e i nostri pensieri ai Suoi, Lui è libero di riversare le Sue benedizioni su di noi.

> *Tutta la Scrittura è divinamente ispirata e utile a insegnare, a convincere, a correggere e a istruire nella giustizia, affinché l'uomo di Dio sia completo, pienamente fornito per ogni buona opera.*
> *– 2 Timoteo 3:16-17*

> *La parola di Dio infatti è vivente ed efficace, più affilata di qualunque spada a due tagli e penetra fino alla divisione dell'anima e dello spirito, delle giunture e*

delle midolla, ed è in grado di giudicare i pensieri e le intenzioni del cuore. – Ebrei 4:12

Il Dio vivente vuole avere con noi la relazione personale che aveva previsto fin dal principio. Vuole che impariamo a conoscerLo per mezzo della Sua Parola, la Bibbia, e che Gli parliamo in preghiera. Vuole che ci avviciniamo al Suo trono e che Gli comunichiamo le nostre richieste, proprio come fa un bambino quando va da suo padre che lo ama.

Nel suo libro *Jesus Called – He Wants His Church Back* (Gesù ha chiamato: rivuole la Sua Chiesa), il pastore e autore di best-seller Rev. Ray Johnston scrive:

*"...La cosa più sorprendente che abbia detto Gesù fu quel meraviglioso invito di sole tre parole, rivolto a **tutte** le persone di qualsiasi epoca: **"Venite a me"** (Matteo 11:28). Si noti che non disse "Venite alla religione", "Venite ai riti e alle regole", "Venite al catechismo", "Venite alla cresima", "Venite alla liturgia". Tutte queste cose possono andare benissimo, ma **non** sono la cosa più importante, che invece è: **"Venite a me"**. L'invito principale di Gesù è ad una **relazione**! Se non si afferra questo concetto, si finisce per fare tutto in maniera meccanica e perdersi quella relazione vivificante che si trova al cuore della fede cristiana".*

Il Papa

Per il conseguimento dell'obiettivo della Chiesa di essere considerata l'istituzione prescelta per rappresentare Dio sulla terra, si affermò che l'autorità di capo della Chiesa fosse stata conferita da Dio a Pietro, uno degli apostoli; che Pietro l'avrebbe poi trasferita al successivo capo della Chiesa e da allora sarebbe stata tramandata da uomo a uomo. Questi uomini furono chiamati papi.

San Pietro morì a Roma e da quel momento in poi il Vescovo di Roma ha sempre svolto il ruolo di papa. Quando muore un papa, i cardinali eleggono il suo successore. Finora ci sono stati 266 papi. I laici vengono indotti a credere che ciascuno di questi uomini sia stato autorizzato da Dio a parlare per conto Suo e ad emettere editti, anche se spesso questi stessi editti si trovano in aperto conflitto con l'ispirata Parola di Dio, come indicato nelle Sacre Scritture.

A partire dal 1200, la Chiesa cominciò a chiamare quest'uomo "Vicario di Cristo", che significa rappresentante di Cristo in terra. La Chiesa decretò che le sue dichiarazioni spirituali fossero infallibili e che dovessero essere osservate da tutti i credenti che desiderassero mettersi in pace con Dio.

Le Scritture citate come prova del fatto che Gesù avesse nominato Pietro come capo della Chiesa cristiana sono molto discutibili. Giungere a questa conclusione e dedurne che Pietro abbia poi tramandato quella stessa autorità costituirebbe una forzatura inverosimile dei testi che si spinge oltre il limite della creduloneria. Ed è per questo motivo che non esiste una singola denominazione protestante che creda che Gesù abbia conferito questa autorità a Pietro. Infatti, è probabile che molte delle parole in questione non fossero neppure rivolte a Pietro soltanto, bensì a tutti i discepoli di Gesù che erano presenti.

Gesù stesso, non Pietro, è il fondamento della Sua Chiesa.
Lo riconosce anche Pietro:

Accostandovi a lui, come a pietra vivente, rigettata dagli uomini ma eletta e preziosa davanti a Dio. – 1 Pietro 2:4

Ci sono molte altre Scritture che dicono senza lasciare dubbi che il fondamento della Chiesa cristiana è Gesù Cristo. San Paolo scrive:

Secondo la grazia di Dio che mi è stata data, come savio architetto io ho posto il fondamento, ed altri vi costruisce sopra; ora ciascuno stia attento come vi costruisce sopra <u>perché nessuno può porre altro fondamento diverso da quello che è stato posto, cioè Gesù Cristo</u>.
– 1 Corinzi 3:10-11

C'è un inno di lode molto bello, intitolato *Sol Cristo è della Chiesa*, la cui prima strofa dice:

> Sol Cristo è della Chiesa
> La base, il Fondator;
> Ei la preserva illesa
> Dal male e dall'error.
> Dal cielo in terra venne
> E sposa Sua la fe';
> E nel Suo amor perenne
> La vita per lei diè.

I Cattolici hanno la consuetudine di rivolgersi a quest'uomo chiamandolo Santo Padre, anche se Gesù disse...

*"E non chiamate alcuno sulla terra vostro padre,
perché uno solo è vostro Padre, colui che è nei cieli".
– Matteo 23:9*

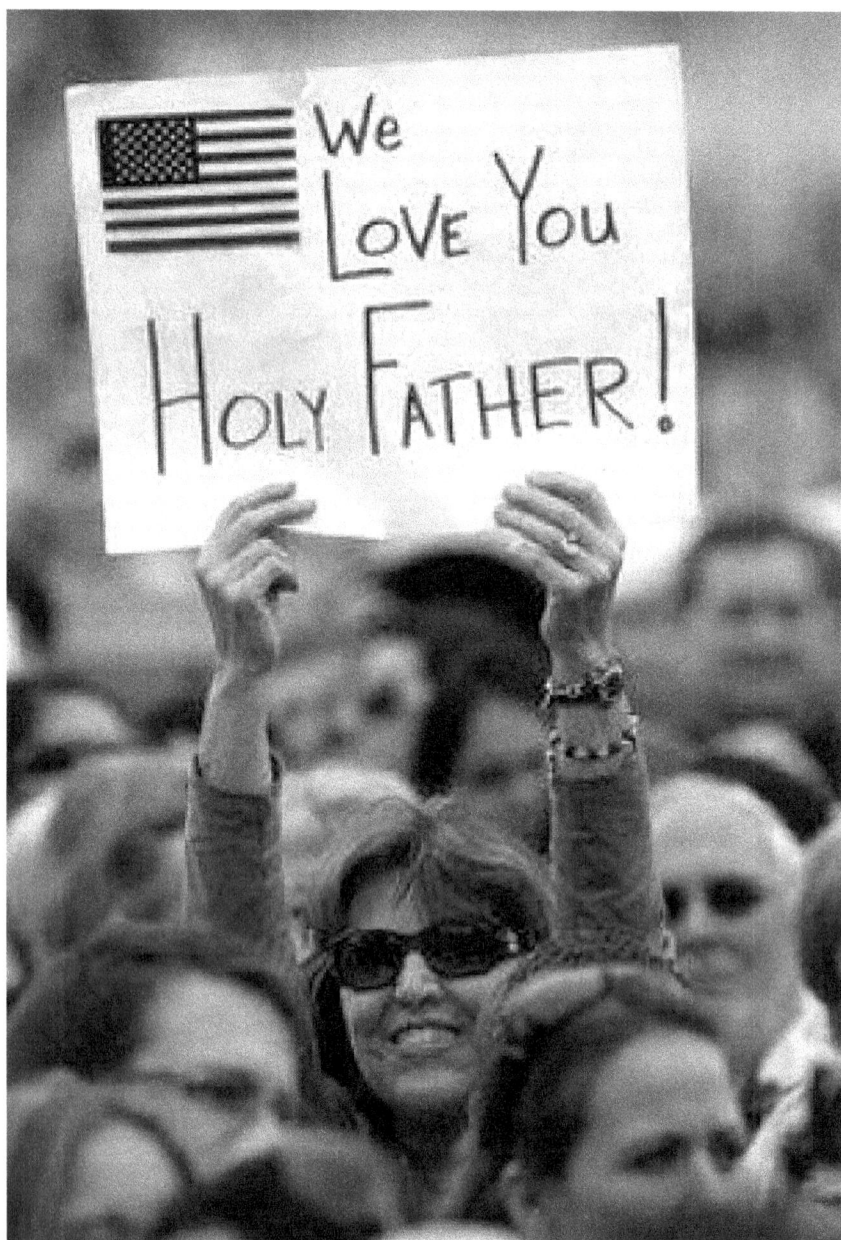

Cartello con la scritta: «Ti amiamo Santo Padre»

Un papa che viene portato su una sedia gestatoria

Parliamo un po' di Pietro

Pietro era un seguace di Gesù dal buon cuore e dalla natura sincera e impulsiva. Insieme a Giacomo e Giovanni, è uno dei discepoli che in varie occasioni, stando alle Scritture, si trovava più spesso con Gesù. Ma come tutti noi, anche Pietro aveva le sue debolezze: fu poco dopo la sua meravigliosa professione di fede (quando dichiarò che Gesù era il Messia ed il Figlio di Dio) che Gesù dovette rimproverarlo. Gesù aveva appena finito di spiegare che era necessario che Lui andasse a Gerusalemme e che lì sarebbe stato giudicato e condannato a morte... ma che sarebbe risorto dopo tre giorni. L'impulsivo Pietro dissentiva con questo disegno e non si fece alcuno scrupolo a dirlo:

> *Allora Pietro lo prese in disparte e cominciò a riprenderlo, dicendo: «Signore, Dio te ne liberi; questo non ti avverrà mai». Ma egli, voltatosi, disse a Pietro: «Vattene via da me, Satana! Tu mi sei di scandalo, perché non hai il senso delle cose di Dio, ma delle cose degli uomini». – Matteo 16:22-23*

Chiamando Pietro "Satana", Gesù stava semplicemente dicendo a Pietro che Satana lo stava usando per tentarLo ad evitare lo scopo finale per cui era nato: morire per i peccati del mondo. Ricorda che, anche se Gesù era il Figlio di Dio, aveva rinunciato alla Sua divinità e preso le sembianze di un essere umano (Filippesi 2:6-8). L'ultima cosa di cui aveva bisogno era qualcuno, incluso Pietro, che cercasse di far vacillare la sua determinazione.

Pietro era sposato e aveva una suocera.

> *Poi Gesù, entrato nella casa di Pietro, vide <u>che la suocera di lui</u> era a letto con la febbre. Ed egli le toccò la mano e la febbre la lasciò, ed ella si alzò e prese a servirli. – Matteo 8:14-15*

E Paolo scrisse:

> *Non abbiamo noi il diritto di condurre attorno una moglie, che sia una sorella in fede, come fanno anche gli altri apostoli, i fratelli del Signore <u>e Cefa</u>? – 1 Corinzi 9:5*

Pietro è il discepolo che camminò sulle acque. Insieme agli altri discepoli vide Gesù camminare sulle acque del Mar di Galilea in una notte di tempesta. Mentre Gesù si avvicinava alla loro barca, Pietro Gli disse: "Signore, se sei davvero Tu, dimmi di venire da Te, camminando sulle acque!". Gesù gli rispose: "Vieni!" e Pietro uscì dalla barca e cominciò a camminare verso Gesù. Ma quando vide il forte vento e le onde alte, ebbe paura e cominciò ad affondare. A quel punto, gridò: «Salvami, Signore!».

E subito Gesù stese la mano, lo prese e gli disse: «O uomo di poca fede, perché hai dubitato?»
– Matteo 14:31

Anche se sembra che Gesù non capisca perché Pietro abbia dubitato, penso che si possa concordare che in questa occasione Pietro abbia mostrato più fede di quanto non avremmo potuto fare noi nelle stesse circostanze. Per quanto ne sappia, è l'unico essere umano a essere effettivamente riuscito a camminare sulle acque, anche se per pochissimo tempo. Questo la dice lunga sulla sua fede in Gesù.

Recitare il Rosario

La Chiesa cattolica esorta i fedeli a recitare il Rosario. Magari anche tu avrai visto su alcune automobili, probabilmente appartenenti a cattolici molto devoti, degli adesivi che dicono: "Recita il Rosario".

Recitare il Rosario prevede la ripetizione rituale di una serie di parole, confessioni e preghiere prestabilite: il Credo degli Apostoli (che non è stato scritto da nessuno degli apostoli), il Padre Nostro (detto anche "Preghiera del Signore"), il Gloria al Padre e l'Ave

Maria. Per chi non conoscesse il gergo della Chiesa cattolica, ecco le parole del Gloria al Padre e dell'Ave Maria:

Gloria al Padre: "Gloria al Padre e al Figlio e allo Spirito Santo. Come era nel principio e ora e sempre, nei secoli dei secoli. Amen".

Ave Maria: "Ave, o Maria, piena di grazia, il Signore è con te. Tu sei benedetta fra le donne e benedetto è il frutto del tuo seno, Gesù. Santa Maria, Madre di Dio, prega per noi peccatori, adesso e nell'ora della nostra morte. Amen".

Oggi i rosari hanno 59 grani. Ci sono 6 grani più grandi per i quali si deve ripetere il Padre Nostro (la Preghiera del Signore) 6 volte. Ci sono poi 53 grani per cui si deve ripetere la preghiera a Maria (Ave Maria) 53 volte. Queste preghiere sono in aggiunta alle preghiere del Credo degli Apostoli e del Gloria al Padre.

Un rosario

Ho trovato su Internet un articolo che descrive come deve essere recitato il Rosario. Di seguito puoi trovarne la traduzione in italiano (in corsivo). Fonte (in inglese): www.dummies.com/religion/christianity/catholicism/how-to-pray-the-rosary/

I grani del Rosario aiutano i cattolici a contare le preghiere. I cattolici recitano il Rosario soprattutto come forma di supplica per chiedere a Dio un favore in particolare, come ad esempio aiutare una persona amata a guarire da una malattia o

ringraziare Dio per una benedizione ricevuta: un bambino, un nuovo lavoro, un novilunio.

1. *Al crocifisso, fare il segno della croce e recitare il Credo degli apostoli.*

Io credo in Dio, Padre onnipotente, creatore del cielo e della terra e in Gesù Cristo, Suo unico Figlio, nostro Signore, il quale fu concepito di Spirito Santo, nacque da Maria Vergine, patì sotto Ponzio Pilato, fu crocifisso, morì e fu sepolto; discese agli inferi; il terzo giorno risuscitò da morte; salì al cielo, siede alla destra di Dio, Padre onnipotente: di là verrà a giudicare i vivi e i morti. Credo nello Spirito Santo, la santa Chiesa cattolica, la Comunione dei Santi, la remissione dei peccati, la risurrezione della carne, la vita eterna. Amen.

2. *Nel successivo grano maggiore, recitare un Padre nostro.*

Padre nostro, che sei nei cieli, sia santificato il tuo nome, venga il tuo regno, sia fatta la tua volontà, come in cielo così in terra. Dacci oggi il nostro pane quotidiano, e rimetti a noi i nostri debiti come noi li rimettiamo ai nostri debitori, e non ci indurre in tentazione, ma liberaci dal male. Amen.

3. *Nei tre grani minori che seguono, recitare tre Ave Maria.*

Ave, o Maria, piena di grazia, il Signore è con te. Tu sei benedetta fra le donne e benedetto è il frutto del tuo seno, Gesù. Santa Maria, Madre di Dio, prega per noi peccatori, adesso e nell'ora della nostra morte. Amen.

4. *Alla catenella, recitare il Gloria al Padre.*

Gloria al Padre e al Figlio e allo Spirito Santo. Come era nel principio e ora e sempre, nei secoli dei secoli. Amen.

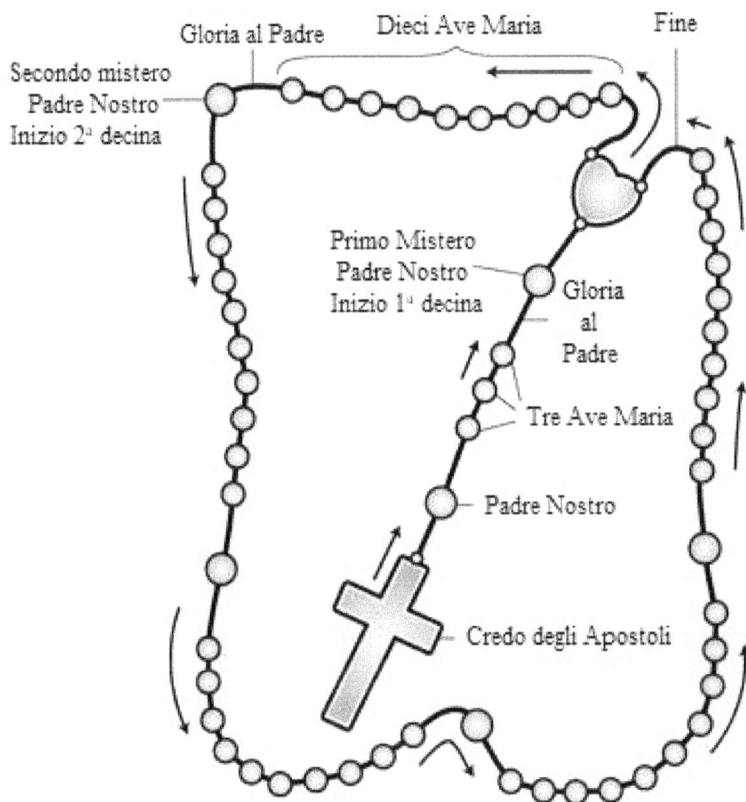

5. *Al grano maggiore, meditare sul primo mistero e recitare il*
    Padre Nostro.

Recitare i misteri per ciascuna delle cinque parti (decine) del
Rosario, a seconda del giorno della settimana:

1. *Lunedì e sabato:*

I Misteri gaudiosi per ricordare al devoto la nascita di Cristo:
l'Annunciazione (Luca 1:26-38); la Visita (Luca 1:39-56); la
Nascita (Luca 2:1-21); la Presentazione (Luca 2:22-38); il
Ritrovamento di Gesù nel Tempio (Luca 2:41-52)

2. *Martedì e venerdì:*

I Misteri dolorosi per ricordare la passione e la morte di Gesù: l'Agonia di Gesù nel Getsemani (Matteo 26:36–56); la Flagellazione di Gesù alla colonna (Matteo 27:26); l'Incoronazione di spine (Matteo 27:27-31); il Viaggio al Calvario di Gesù carico della croce (Matteo 27:32); la Crocifissione (Matteo 27:33-56).

3. *Mercoledì e domenica:*

I Misteri gloriosi per meditare sulla resurrezione di Gesù e sulle glorie del Paradiso: la Risurrezione (Giovanni 20:1-29); l'Ascensione (Luca 24:36-53); la Discesa dello Spirito Santo (Atti 2:1-41); l'Assunzione di Maria, madre di Dio, al cielo; l'Incoronazione di Maria in cielo.

4. *Giovedì:*

Nel 2002, Papa Giovanni Paolo II ha aggiunto i Misteri luminosi (o della luce): il Battesimo nel fiume Giordano (Matteo 3:13-16); le Nozze di Cana (Giovanni 2:1-11); l'Annuncio della venuta del Regno di Dio (Marco 1:14-15); la Trasfigurazione (Matteo 17:1-8); l'Istituzione della santa Eucarestia (Matteo 26).

6. *Saltare la crociera centrale e ai dieci grani successivi recitare un Ave Maria per ciascun grano; alla catenella, recitare un Gloria al Padre.*

Nonostante una decina sia normalmente 10, queste 12 preghiere formano una decina del Rosario.

Molti cattolici aggiungono la Preghiera di Fatima dopo il Gloria al Padre e prima del successivo Padre nostro: Gesù mio, perdona le nostre colpe, preservaci dal fuoco dell'inferno, porta in cielo tutte le anime, specialmente le più bisognose della tua misericordia. Amen.

7. *Ripetere i passaggi 5 e 6 altre quattro volte per finire le quattro decine successive.*

8. *Alla fine del Rosario, recitare il Salve Regina.*

Salve, Regina, Madre di misericordia; vita, dolcezza e speranza nostra, salve. A Te ricorriamo, noi esuli figli di Eva; a Te sospiriamo, gementi e piangenti in questa valle di lacrime. Orsù dunque, avvocata nostra, rivolgi a noi gli occhi tuoi misericordiosi. E mostraci, dopo questo esilio, Gesù, il frutto benedetto del Tuo seno. O clemente, o pia, o dolce Vergine Maria!

Prega per noi, Santa Madre di Dio. E saremo degni delle promesse di Cristo.

O Dio, il tuo Figlio unigenito ci ha meritato la salvezza eterna con la sua vita, morte e risurrezione; concedici, te ne preghiamo, che contemplando col santo Rosario della beata Vergine Maria questi misteri imitiamo ciò che essi contengono e conseguiamo ciò che promettono. Per Cristo nostro Signore. Amen.

Due motivi per cui non si dovrebbe **mai** recitare il Rosario

1. L'articolo di cui sopra dice che il Rosario aiuta i cattolici a contare le preghiere... Contarle? Dio non vuole stare ad ascoltare parole ripetute ritualisticamente. Non servono ad ottenere il Suo favore. Tutt'altro: ritengo che queste ripetizioni prolisse siano offensive verso di Lui. Se sei un genitore, come la prenderesti se tuo figlio o tua figlia venisse da te e continuasse a ripetere ritualmente e incessantemente le sue suppliche per ottenere il tuo favore e convincerti a soddisfare la sua richiesta? Non otterrebbe il tuo favore, vero? Già ce l'ha. E lo stesso avviene con Dio.

Vedete quale amore il Padre ha profuso su di noi, facendoci chiamare figli di Dio. La ragione per cui il mondo non ci conosce è perché non ha conosciuto lui.
– 1 Giovanni 3:1

Inoltre, Gesù parla in maniera specifica di questo tipo di preghiere:

"Ora, nel pregare, non usate inutili ripetizioni come fanno i pagani perché essi pensano di essere esauditi per il gran numero delle loro parole. Non siate dunque come loro, perché il Padre vostro sa le cose di cui avete bisogno prima che gliele chiediate".
– Matteo 6:7-8

2. Maria era benedetta da Dio. Fu scelta per partorire ed aiutare a crescere il Figlio di Dio, che rinunciò alla Sua potenza e gloria per prendere le sembianze di un essere umano (vedere il paragrafo precedente, intitolato "La Venerazione di Maria"). Tuttavia, è importante ribadire, anche per quanto riguarda il Rosario, che senza ombra di dubbio Maria <u>non</u> è la "madre di Dio". Dio esiste fin dall'inizio dei tempi; Maria era un essere umano e in più non c'è nessuna parte delle Scritture che indichi che i santi defunti possano vederci o sentirci.

Maria non fu scelta per essere mediatrice tra gli uomini e Dio, quel ruolo spetta solo a Gesù.

Vi è infatti un solo Dio, ed anche un solo mediatore tra Dio e gli uomini: Cristo Gesù uomo.
– 1 Timoteo 2:5-6

Figlioletti miei, vi scrivo queste cose affinché non pecchiate; e se pure qualcuno ha peccato, abbiamo un avvocato presso il Padre: Gesù Cristo il giusto.
– 1 Giovanni 2:1

Il purgatorio

Il concetto cattolico del purgatorio si basa sull'idea che esistano persone che muoiono con peccati minori e perdonabili, ma per cui non c'è stato pentimento, e che la pena temporale per il peccato non sia stata completamente scontata mentre erano in vita. Il purgatorio è pertanto un luogo di punizione temporanea in cui le persone vengono purificate per potersi meritare l'accesso al paradiso di un Dio santo.

Tanto per cominciare, non esistono peccati che siano talmente irrilevanti da non pregiudicare il diritto ad entrare nel paradiso di Dio in base ai nostri meriti. Inoltre, è altrettanto vero che nessun peccato è più grande della completa espiazione del sangue di Gesù per chi abbia confessato e si sia veramente pentito di tale peccato.

Secondo questa dottrina vergognosa, la sofferenza di Gesù e la Sua morte sulla croce non sono state abbastanza per pagare completamente il prezzo dei peccati dei morti, per cui occorre che il peccatore stesso debba fare altro. Tutto questo sminuisce e scredita il sacrificio di Gesù Cristo.

Parlando di Sé stesso in terza persona, Gesù, il Figlio di Dio, disse:

> *"Chi crede in lui <u>non è condannato</u> ma chi non crede è già condannato, perché non ha creduto nel nome dell'unigenito Figlio di Dio".* – Giovanni 3:18

Disse anche:

> *"In verità, in verità vi dico: Chi ascolta la mia parola e crede a colui che mi ha mandato, ha vita eterna, e <u>non viene in giudizio</u>, ma è passato dalla morte alla vita".*
> *– Giovanni 5:24*

Nota che in questi due passi delle Scritture ci viene detto che chi crede in Gesù "<u>non è condannato</u>" e "<u>non viene in giudizio</u>": non esistono peccati che abbiano ancora bisogno di espiazione.

Questo insegnamento fasullo si basa eccessivamente su tre versetti che si trovano in 2 Maccabei 12:43-45, ovvero uno dei libri dei testi apocrifi inclusi nelle Bibbie cattoliche ma non in quelle protestanti. A volte vengono citate anche altre Scritture, ma senza i versetti dei Maccabei queste Scritture non offrono alcuna ragione attendibile a sostegno della dottrina del purgatorio.

I protestanti non ritengono che i libri dei testi apocrifi inclusi nella Bibbia cattolica siano stati scritti per ispirazione di Dio. Questo è molto importante perché, se questo stesso libro è di dubbia origine e autorevolezza, ciò significa che i passi che suggeriscono la possibilità che esista un posto come il purgatorio non sono attendibili.

Quella che segue è la traduzione di parte di uno scambio di e-mail, pubblicato su Internet, in cui il ricercatore biblico Gary F. Zeolla

descrive diversi dei motivi principali per cui le Bibbie protestanti
non includono i libri dei testi apocrifi (in corsivo):

*Prima di tutto, il canone ebraico non include i testi apocrifi.
Questo è un punto molto importante, in quanto l'Antico
Testamento è stato affidato agli Ebrei (Romani 3:1-2). In
secondo luogo, alcuni dei libri dei testi apocrifi furono scritti
in greco e non in ebraico. Sono quindi distinti dalle Scritture
ebraiche.*

*Terzo, le parole di Gesù in Luca 11:51 sembrano escludere i
testi apocrifi: "dal sangue di Abele fino al sangue di Zaccaria,
che fu ucciso tra l'altare e il tempio; sì, io vi dico, ne sarà
chiesto conto a questa generazione" (LND).*

*La morte di Abele viene documentata nel libro della Genesi: il
primo libro del canone ebraico. La morte di Zaccaria viene
inclusa in 2 Cronache: l'ultimo libro del canone ebraico
(l'ordine dei libri era diverso rispetto a quello in cui si trovano
oggi). Questo sembra confermare il canone ebraico come il
canone corretto.*

*L'ordine in cui si trovano i libri oggi è tratto dalla Septuaginta
(una traduzione in greco dell'Antico Testamento che risale al
secondo secolo a.C.), che includeva i testi apocrifi. Ma nella
Sua affermazione, Gesù seguiva il canone ebraico.*

*Quarto: nel Nuovo Testamento non esistono citazioni dirette di
libri dei testi apocrifi. Esistono, sì, riferimenti ad eventi e
affermazioni dei testi apocrifi (ad es. Ebrei 11:37 accenna a 1
Maccabei), ma nessuna di queste allusioni è sufficiente a*

indurre gli apostoli ad adoperare i testi apocrifi come fonte autorevole. In altre parole, nel NT non esistono citazioni tratte dai testi apocrifi che vengano presentate dagli apostoli come fonti autorevoli, ovvero con l'uso di locuzioni come: "Sta scritto", "fu detto dal profeta", "che lo Spirito Santo predisse", ecc.

Pertanto, data la mancanza nel NT di citazioni autorevoli dei testi apocrifi, sembra che gli autori del NT, nonché Gesù stesso, non accettassero i testi apocrifi come parte delle Scritture".

Il tragico effetto di questo insegnamento sul purgatorio è che persino nella morte i Cattolici non possono avere la certezza della salvezza eterna. Quanto possono essere gravi i peccati che commisero sulla terra? Abbastanza per essere rifiutati da Gesù ed essere mandati all'inferno, invece che in purgatorio? E se non erano tanto gravi, quanto tempo dovranno penare in purgatorio? Quante preghiere dei loro cari ancora in vita dovranno essere recitate per accorciare la loro permanenza in questo luogo? Quanti soldi occorrerà dare alla Chiesa cattolica per riscattarli (vedi il paragrafo sulle indulgenze)?

La Bibbia garantisce diverse volte che si è salvati quando si confessa Gesù come salvatore e si crede che il Suo sacrificio ha saldato completamente il prezzo dei nostri peccati. Non bisogna pagare nient'altro. Nessuna somma di denaro e nessun numero di preghiere può contribuire in alcun modo alla nostra salvezza.

> *Ho scritto queste cose a voi che credete nel nome del Figlio di Dio, affinché sappiate che avete la vita eterna e affinché continuiate a credere nel nome del Figlio di Dio. – 1 Giovanni 5:13*

Affinché <u>sappiate</u> di avere la vita eterna! E non affinché *speriate* di avere la vita eterna. E San Paolo non lascia alcun dubbio sul fatto che la nostra salvezza non ha niente a che fare con i nostri meriti o le nostre opere.

> *Voi infatti siete stati salvati per grazia, mediante la fede, e ciò non viene da voi, è il dono di Dio, non per opere, perché nessuno si glori. – Efesini 2:8-9*

Paolo spiega anche che, tramite Gesù, siamo stati riconciliati, o riappacificati, con Dio. Dio non ci imputa più i nostri peccati.

> *Se dunque uno è in Cristo, egli è una nuova creatura; le cose vecchie sono passate; ecco, tutte le cose sono diventate nuove. Ora tutte le cose sono da Dio, che ci ha riconciliati a sé per mezzo di Gesù Cristo e ha dato a noi il ministero della riconciliazione, poiché Dio ha riconciliato il mondo con sé in Cristo, non imputando agli uomini i loro falli. – 2 Corinzi 5:17-19*

Sarà Gesù stesso a giudicare ciascuno di noi, e il Suo giudizio sarà in base al nostro avere o meno riposto la nostra fede e la nostra fiducia in Lui e nella completezza del suo sacrificio di redenzione.

Gesù disse:

"Infatti come il Padre risuscita i morti e dà loro la vita, così anche il Figlio dà la vita a chi vuole. Poiché il Padre non giudica nessuno, ma ha dato tutto il giudizio al Figlio, affinché tutti onorino il Figlio come onorano il Padre, chi non onora il Figlio, non onora il Padre che lo ha mandato. – Giovanni 5:21-23

Un ultimo passo della Bibbia, scritto da Paolo, ci garantisce che quando moriamo le nostre anime salvate si ricongiungono direttamente con il Signore:

Noi dunque abbiamo sempre fiducia e sappiamo che mentre dimoriamo nel corpo, siamo lontani dal Signore. Camminiamo infatti per fede, e non per visione. Ma siamo fiduciosi e abbiamo molto più caro di partire dal corpo e andare ad abitare con il Signore. – 2 Corinzi 5:6-8

Capitolo 4

Cupidigia e immoralità

La vendita delle indulgenze

Nel sedicesimo secolo si diceva alla gente che fosse possibile acquistare il perdono dei peccati dalla Chiesa cattolica per ridurre o eliminare la pena da dover scontare in purgatorio. Probabilmente non è sbagliato presumere che a quei tempi, per essere perdonato, chiunque confessasse di aver commesso un omicidio dovesse pagare molto di più di qualcuno che fosse stato colpevole di adulterio o di aver rubato del cibo.

La Chiesa non aveva previsto che sarebbe sopraggiunto Martin Lutero. Martin Lutero era un prete cattolico che viveva in Germania e che ebbe il coraggio di confrontarsi con il papato su alcune delle dottrine che promuoveva e su alcune delle sue pratiche inique e spinte dalla cupidigia, come la vendita delle indulgenze. Le vendite erano alle stelle e il denaro affluiva, arricchendo le casse della Chiesa, per cui Martin Lutero si fece molti nemici quando denunciò questa pratica malvagia. Dopo il rifiuto da parte di Lutero di ritrattare la condanna che aveva emesso su alcune delle pratiche della Chiesa, questa cercò di ucciderlo, per impedirgli di istigare il popolo alla rivolta.

Quello che sto per dire potrebbe sconvolgere alcuni dei lettori di questo libro: la Chiesa cattolica vende ancora le indulgenze, anche se non è più possibile acquistarle per strada, perché una pratica simile scatenerebbe una rivolta che sarebbe devastante per la

Chiesa. Pertanto, queste transazioni vengono effettuate a livelli molto più alti e solo se la ricompensa ne giustifica il rischio.

Come viene indicato nell'Enciclopedia cattolica:

"Il papa non esime l'anima nel purgatorio della pena dovuta il suo peccato, ma offre a Dio dal tesoro della Chiesa tutto ciò che può essere necessario per la cancellazione di questa pena".

Questa pratica è così apertamente immorale e controversa che ora le indulgenze possono essere acquistate solamente previa approvazione del papa e solamente se vengono soddisfatte diverse condizioni. Una di queste condizioni, come viene spudoratamente indicato nell'Enciclopedia cattolica, è che ci debba essere "...qualcosa di pertinenza della gloria di Dio e **l'utilità della Chiesa**, non solo l'utilità derivante per le anime del purgatorio".

Riflettendoci sopra, questa frase dice che il perdono deve essere non solo per il bene dell'individuo, ma deve anche recare un vantaggio alla Chiesa.

Tutto questo mi ricorda un po' la scena di apertura de *Il Padrino Atto III*, in cui Corleone, il capomafia, riceve un'alta onorificenza dalla Chiesa cattolica romana... poco dopo aver donato 100 milioni di dollari alla Chiesa.

Con quello che sto per dire, spero di non infrangere le speranze di nessuno, ma il perdono della Chiesa cattolica non ha alcun valore. Solo Dio può garantire il perdono dei peccati, l'ha già fatto... ed è un dono!

*Infatti il salario del peccato è la morte, ma il **dono** di Dio è la vita eterna in Cristo Gesù, nostro Signore.*
– Romani 6:23

Immoralità sessuale

Secondo alcuni studi, la percentuale di preti omosessuali all'interno della Chiesa cattolica supera di gran lunga quella tra la popolazione in generale. Nella cultura "politicamente corretta" degli Stati Uniti, vivere attivamente uno stile di vita omosessuale è diventato quasi ammissibile. Anche se molte persone cambiano i propri principi morali per conformarsi alla cultura di appartenenza, Dio non lo fa: quello che Dio chiama peccato rimane peccato.

Io sono l'Eterno, non muto. – Malachia 3:6

Ci sono preti che molestano sessualmente, violentano e sodomizzano i bambini! Com'è possibile? Uomini, che un tempo si presume avessero nobili aspirazioni, ora stuprano bambini innocenti che sono stati affidati alla loro cura spirituale!

Per decine di anni, o più probabilmente per diversi secoli, i leader ecclesiastici *agli alti vertici del clero* nascosero questi abusi raccapriccianti agli occhi del pubblico, adottando un'elaborata cultura di segretezza, inganno e intimidazione. Le vittime che sporsero denuncia per molestie furono ignorate o corrotte, mentre i preti accusati furono segretamente trasferiti di parrocchia in parrocchia, oppure sottoposti a brevi periodi di terapia psicologica. Nonostante le notizie di violenze sessuali sui minori ed altri comportamenti criminali da parte degli esponenti del clero, i leader ecclesiastici non sembrano essersi prodigati in maniera percettibile per mettere al corrente le forze dell'ordine.

Gesù, parlando dei bambini, disse:

Ma chi avrà scandalizzato uno di questi piccoli che credono in me, sarebbe meglio per lui che gli fosse legata una macina d'asino al collo e che fosse sommerso nel fondo del mare. – Matteo 18:6

Non ci possono essere molti dubbi sul fatto che una quantità significativa di uomini che hanno scelto di fare voto di castità lo abbiano fatto per via di un conflitto nel proprio orientamento sessuale. È possibile che abbiano lottato con tendenze omosessuali o pedofile e che, invece di cercare aiuto spirituale e psicologico, abbiano commesso l'errore di pensare di poter fare voto di castità e ignorare o sopprimere queste tendenze.

In questo caso la Chiesa non rappresenta semplicemente uno spaccato della società: la percentuale di preti omosessuali e pedofili nella Chiesa è sconvolgente! Si tratta di un problema di proporzioni epidemiche! **Diverse <u>migliaia</u> di preti sono stati accusati o dichiarati colpevoli di violenza sessuale sui bambini!** Molti altri sono stati incriminati o hanno cospirato per insabbiare questi crimini abominevoli. Ho letto di un prete che si dice abbia personalmente molestato più di 200 bambini.

La donna era vestita di porpora e di scarlatto, era tutta adorna d'oro, di pietre preziose e di perle, e aveva in mano una coppa d'oro piena di abominazioni e delle immondezze della sua fornicazione. – Apocalisse 17:4

Sicuramente avrai sentito o letto dei molteplici casi di violenza sessuale negli Stati Uniti. Già nel 2002, circa 1.200 sacerdoti negli USA furono accusati di abusi sessuali, secondo uno studio condotto dal *The New York Times*. Da allora, ci sono state molte altre condanne.

Questo fenomeno non riguarda solamente gli USA, bensì il mondo intero. È difficile trovare un paese che non sia stato vittima di queste atrocità perpetrate dagli esponenti della Chiesa cattolica, con accuse di abuso o cattiva gestione degli scandali e con le dimissioni forzate di vescovi in Argentina, Germania, Austria, Polonia, Irlanda, Galles, Scozia, Canada, Australia, Svizzera e altrove.

Quella che segue è la traduzione di un passo tratto da un articolo scritto il 29 novembre 2009, pubblicato su internet sotto l'intestazione *"Cultured Views - News, views and commentary"* (Opinioni colte - Notizie, opinioni e commenti). Il titolo dell'articolo è: *The Roman Catholic Church in Ireland: The World's Largest Paedophile Ring Finally Exposed* (La Chiesa cattolica romana in Irlanda: smascherato finalmente il principale giro di pedofilia al mondo, in corsivo):

"La questione più conflittuale per qualsiasi cattolico è la rivelazione che alcuni esponenti del clero della nostra chiesa siano stati colpevoli di aver sottoposto sistematicamente bambini ad abusi sessuali e fisici abominevoli di una portata che rasenta l'inverosimile. Non si sapranno mai le statistiche esatte sul numero delle vittime, poiché questo comportamento si è protratto non solo per anni o decenni, ma sicuramente per secoli. Dobbiamo arrivare ad accettare il fatto che la Chiesa cattolica si è rivelata essere il

principale giro di pedofilia al mondo, con crimini che non si limitano solamente al territorio irlandese. Preferisco non considerare come preti questi mascalzoni: non hanno preso i voti per amministrare i sacramenti, né per servire Dio e diffondere la Sua Parola. Sono entrati nel clero semplicemente per avere accesso a bambini innocenti. Sono stati innanzitutto pedofili e non sono mai stati veri e propri membri del clero. E, proprio come le tre scimmiette raffigurate, il Vaticano ha cospirato per non vedere, non sentire e non fare assolutamente niente".

Immagina l'ira di Dio verso coloro che hanno infangato il Suo Santo Nome con questa indicibile vergogna... e verso chiunque si trovi ai vertici alti della Chiesa Cattolica e che ha insabbiato questi crimini atroci, trasferendo ripetutamente i preti rei da un luogo ad un altro, per proteggerli da eventuali azioni penali e dalla giusta punizione!

> *È cosa spaventevole cadere nelle mani del Dio vivente.*
> *– Ebrei 10:31*

Non si conosce il numero di vittime, ma probabilmente supera un centinaio di migliaia di giovani vite, che sono state rovinate e distrutte da questi atti mostruosi, per mano di uomini che si professano rappresentanti di Dio!

Leggi cosa disse San Paolo ai capi religiosi ebraici del tempo:

> *"Ecco, tu ti chiami Giudeo, ti fondi sulla legge e ti glori in Dio, conosci la sua volontà e distingui le cose importanti, essendo ammaestrato dalla legge, e sei convinto di essere guida di ciechi, luce di quelli che*

*sono nelle tenebre, istruttore degli insensati, insegnante
dei bambini, avendo la forma della conoscenza e della
verità nella legge.*

*Tu dunque che insegni agli altri, non insegni a te
stesso? Tu che predichi che non si deve rubare, rubi?
Tu che dici che non si deve commettere adulterio,
commetti adulterio? Tu che hai in abominio gli idoli, ne
derubi i templi? Tu che ti glori nella legge, disonori
Dio trasgredendo la legge? Infatti: «Per causa vostra,
come sta scritto, il nome di Dio è bestemmiato fra i
gentili»". – Romani 2:17-24*

Adattiamo alcune parole e vediamo quello che con tutta probabilità
direbbe Paolo sulla gerarchia attuale della Chiesa cattolica...

*"Ecco, tu ti chiami **prete, vescovo o cardinale**, ti fondi
sulla legge e ti glori in Dio, conosci la sua volontà e
distingui le cose importanti, essendo ammaestrato dalla
legge, e sei convinto di essere guida di ciechi, luce di
quelli che sono nelle tenebre, istruttore degli insensati,
insegnante dei bambini, avendo la forma della
conoscenza e della verità nella legge.*

*Tu dunque che insegni agli altri, non insegni a te
stesso? Tu che predichi che non si deve rubare, rubi?
Tu che dici che non si deve commettere adulterio, **abusi
sessualmente di bambini innocenti**? Tu che hai in
abominio gli idoli, **ti inchini e preghi davanti alle
statue e invochi l'aiuto dei defunti**? Tu che ti glori
nella legge, disonori Dio trasgredendo la legge?*

Infatti: «Per causa vostra, come sta scritto, il nome di Dio è bestemmiato fra i gentili»".

Recentemente ho sentito una donna che, parlando, sosteneva di non sentirsi più a suo agio a confessare i suoi peccati ad un prete. Riteneva che fosse possibile che i peccati del prete potessero essere peggiori dei suoi e diceva di aver deciso di confessare i suoi peccati direttamente a Dio. Io mi immagino il sorriso di Dio, e magari anche il suo applauso, a sentire queste cose!

Cos'è che è andato storto?

"Santificazione" è il termine biblico che definisce il processo per mezzo del quale gli esseri umani diventano sempre più simili a Dio in pensieri, azioni e attitudini, man mano che avanzano nel percorso di crescita nella relazione con Lui.

La Parola di Dio è verità e noi ci santifichiamo (cresciamo in santità) leggendo e studiando la Sua Parola.

Ritengo di poter affermare che i preti che studiano la Parola di Dio ogni giorno sono rari. Proprio come è successo ai "fedeli" della Chiesa, anche i preti sono stati ingannati e indotti a pensare che la relazione più importante fosse quella con la Chiesa, anziché quella con Dio. Chiunque non coltivi la sua relazione con Dio diventa particolarmente vulnerabile a qualsiasi tipo di tentazione peccaminosa.

Pregando Dio Padre per i Suoi discepoli e per chi avrebbe creduto in Lui in futuro (ovvero noi), Gesù disse:

"Santificali nella tua verità, la tua parola è verità. Come tu hai mandato me nel mondo, così ho mandato loro nel mondo. E per loro santifico me stesso, affinché essi pure siano santificati in verità". – Giovanni 17:17-19

Ecco cosa diceva San Paolo sui peccati sessuali:

Poiché questa è la volontà di Dio: la vostra santificazione; che vi asteniate dalla fornicazione. che ciascuno di voi sappia possedere il suo vaso in santità ed onore, non con passioni disordinate, come i gentili che non conoscono Dio. – 1 Tessalonicesi 4:3-5

Evitare i peccati sessuali e qualsiasi forte tentazione non è una questione di forza di volontà. È opportuno vivere in una maniera che sia gradita a Dio, ma questo non si può fare solo con la forza di volontà. San Paolo dice chiaramente che in queste battaglie il nostro avversario è più forte:

Poiché il nostro combattimento non è contro sangue e carne, ma contro i principati, contro le potestà, contro i dominatori del mondo di tenebre di questa età, contro gli spiriti malvagi nei luoghi celesti. – Efesini 6:12

Paolo prosegue, mettendoci in guardia ed esortandoci a indossare tutti le parti dell'armatura di Dio, per poter resistere alle tentazioni peccaminose e rimanere saldi.

State dunque saldi, avendo ai lombi la cintura della verità, rivestiti con la corazza della giustizia, e avendo i

piedi calzati con la prontezza dell'evangelo della pace, soprattutto prendendo lo scudo della fede, con il quale potete spegnere tutti i dardi infuocati del maligno.
– *Efesini 6:14-16*

E infine dobbiamo prendere...

anche l'elmo della salvezza e la spada dello Spirito, che è la parola di Dio. – Efesini 6:17

Si torna sempre allo stesso punto: la colonna portante della nostra relazione con Dio è conoscere la Sua Parola.

Tollerare la venerazione di altre "divinità"

La Chiesa cattolica romana non partecipa direttamente a riti o culti satanici, tuttavia nella maggior parte del mondo tollera che milioni dei suoi membri prendano parte a cerimonie sataniche in cui si venerano altre divinità ed altri spiriti. Ci sono persone che, tipicamente, la domenica mattina vanno a messa e la sera stessa partecipano a cerimonie riprovevoli che sono offensive agli occhi di Dio.

La gerarchia ecclesiastica preferisce non perdere membri (la sua base di potere e fonte di reddito), piuttosto che rischiare di allontanarli, costringendoli a prendere una decisione: adorare l'unico Dio vivente o venerare "divinità" multiple e spiriti inferiori. Per la Chiesa cattolica, potere e denaro si sono dimostrati più importanti della condizione spirituale e della salvezza eterna delle persone.

Ad Haiti e in altri paesi dei Caraibi si pratica il **vudù**: una fusione tra elementi rituali della Chiesa cattolica romana, l'animismo e la magia della cultura africana. Il vudù si basa sul concetto di un Dio supremo che regna su un pantheon di divinità, antenati deificati e santi cattolici, che comunicano con i devoti attraverso sogni, trance e possessioni demoniache. Il sacerdote o la sacerdotessa conducono riti a cui partecipano i devoti, con canti, balli, tamburi, preghiere e sacrifici, sia di animali che di *esseri umani*!

Prima di diventare il primo presidente eletto democraticamente di Haiti, Jean-Bertrand Aristide era un prete cattolico. Da presidente, ha partecipato di persona a riti vudù, promuovendo pubblicamente la pratica del vudù sia a voce che con fondi stanziati dal governo.

Per quanto riguarda il suo successore, il presidente René Préval, è opinione diffusa che abbia partecipato a riti vudù tenutisi nel palazzo presidenziale e in cui sono stati sacrificati dei bambini.

C'è un detto ad Haiti: "l'85% degli haitiani è cattolico, ma il vudù è praticato da tutti". Anche se si tratta di un'esagerazione, questo detto dà pur sempre l'idea della cultura religiosa di questo paese e dell'incapacità della Chiesa cattolica di fare ciò che è giusto.

*Egli gridò con forza e a gran voce, dicendo: «E' caduta,
è caduta Babilonia la grande, ed è diventata una
dimora di demoni, un covo di ogni spirito immondo, un
covo di ogni uccello immondo ed abominevole ».
– Apocalisse 18:2*

La **Santeria** è un movimento religioso che ha avuto origine a Cuba
e si è diffuso in America Latina. È il risultato della combinazione
tra credenze e pratiche dell'Africa occidentale e alcuni aspetti del
Cattolicesimo romano. Si basa sulla fede in un essere supremo, ma
include adorazione e rituali dedicati a divinità o santi patroni
(molto simili ai santi della Chiesa cattolica romana). Le sue
pratiche possono comprendere danze in trance, percussioni
ritmiche, possessioni di spiriti (demoniaci) e sacrifici di animali.

In Brasile si pratica la **Macumba**, una religione afro-brasiliana
caratterizzata dalla fusione tra religioni africane, spiritualismo

brasiliano e Cattolicesimo romano. Le influenze africane sono evidenti nel sacrificio di animali, nelle offerte agli spiriti e nei balli. Le macumbe sono eseguite da medium che si prostrano e cadono in trance per comunicare con spiriti "santi". Le influenze del Cattolicesimo romano includono il simbolo della croce e il culto dei santi, a cui vengono attribuiti nomi africani.

<u>È in queste situazioni che i leader ecclesiastici timorati di Dio hanno l'obbligo di esercitare tutta la loro influenza sui membri delle loro chiese</u>, prendere posizione e dire: "No! Tutto questo è sbagliato! Non potete continuare ad essere membri della nostra chiesa e adorare altri "dèi": dovete scegliere!". Ma la risposta del clero della Chiesa cattolica è stata.......................... (silenzio).

Nel 1700, Haiti era la colonia più benestante della Francia e veniva chiamata "La perla delle Antille" per via della sua straordinaria bellezza. Gli abitanti erano schiavi che erano stati deportati ad Haiti dall'Africa. Gli abitanti indigeni morirono a causa di malattie per le quali non disponevano di difese immunitarie adeguate. Nel 1791 un gruppo di sacerdoti vudù fece un patto con il diavolo: se li avesse aiutati a liberare Haiti dal dominio francese, avrebbero dedicato il paese a Satana per 200 anni. L'insurrezione che seguì ebbe successo e Haiti divenne un paese indipendente nel 1804.

Prevedibilmente, Haiti è oggi il paese più povero dell'emisfero occidentale. Il tasso di disoccupazione supera l'80%, la maggior parte degli alberi è stata abbattuta e il terreno, un tempo fertile, è stato eroso dall'oceano. In alcune parti del paese, la gente mangia tortine di fango condite per placare i crampi della fame. Gesù ci aveva messo in guardia, dicendoci che il diavolo non viene se non per uccidere, rubare e distruggere.

Superficialmente, i problemi di Haiti sembrano essere economici, ma sono in realtà di natura spirituale.

La casa di un sacerdote vudù ad Haiti

Capitolo 5

La nostra relazione con Dio

La nostra natura di peccato

Quando la Bibbia parla di persone, gente, luoghi oppure oggetti che definisce "santi" o "sacri", normalmente intende dire che sono "separati per Dio". La traduzione della Bibbia denominata "La Nuova Diodati" include un passo che parla di come Dio abbia ispirato le Sacre Scritture. Dice:

> *Nessuna profezia infatti è mai proceduta da volontà d'uomo, ma i **santi** uomini di Dio hanno parlato, perché spinti dallo Spirito Santo.* – *2 Pietro 1:21*

Il termine "santi uomini di Dio" in questo passo significa che questi uomini sono stati separati per uno scopo per il quale Dio li ha scelti. Non significa che fossero perfetti e senza peccato.

Analogamente, ai figli di Israele veniva indicato quanto segue:

> *E farai ad Aaronne, tuo fratello, delle vesti **sacre**, per conferirgli onore e grazia.* – *Esodo 28:2*

Ovviamente ciò non significa che le vesti sarebbero state senza peccato, bensì che sarebbero dovute essere speciali e separate per essere usate solo per Dio.

Noi che abbiamo invitato Gesù ad essere il Signore delle nostre vite siamo chiamati ad essere santi. Ciò significa che siamo chiamati a vivere vite irreprensibili con l'aiuto dello Spirito Santo che vive in noi.

> *Come figli ubbidienti, non conformatevi alle concupiscenze del tempo passato, quando eravate nell'ignoranza, ma come colui che vi ha chiamati è santo, voi pure siate santi in tutta la vostra condotta, poiché sta scritto: «Siate santi, perché io sono santo».*
> *– 1 Pietro 1:14-16*

Oltre ad Adamo ed Eva prima della caduta, l'unico che nella Bibbia viene definito senza peccato è Dio, incluso Dio Figlio: Gesù Cristo.

Abrahamo, Isacco e Giacobbe nell'Antico Testamento, Maria, Pietro, Paolo e gli autori dei quattro Vangeli del Nuovo Testamento erano tutti peccatori, proprio come me e te.

San Paolo, che si ritiene abbia scritto più della metà dei libri del Nuovo Testamento sotto l'ispirazione dello Spirito Santo, dice di sé stesso:

> *"Infatti io so che in me, cioè nella mia carne, non abita alcun bene, poiché ben si trova in me la volontà di fare il bene, ma io non trovo il modo di compierlo. Infatti il bene che io voglio, non lo faccio; ma il male che non voglio, quello faccio. Ora, se faccio ciò che non voglio, non sono più io che lo faccio, ma è il peccato che abita in me. Io scopro dunque questa legge: che volendo fare*

il bene, in me è presente il male. Infatti io mi diletto nella legge di Dio secondo l'uomo interiore, ma vedo un'altra legge nelle mie membra, che combatte contro la legge della mia mente e che mi rende schiavo della legge del peccato che è nelle mie membra. O miserabile uomo che sono! Chi mi libererà da questo corpo di morte?".
– Romani 7:18-24

E poi risponde alla sua stessa domanda:

"Io rendo grazie a Dio per mezzo di Gesù Cristo, nostro Signore!". – Romani 7:25

Paolo potrebbe essere definito un "santo" uomo di Dio, per via del fatto che è stato scelto e separato da Dio per predicare e insegnare la Parola di Dio. Ma non possiamo definirlo senza peccato: lui stesso ammette di non esserlo.

Senso di colpa, penitenza e buone opere

Martin Lutero, il monaco tedesco ribelle, si sentiva spesso sopraffatto dall'asprezza della natura di peccato. Confessava i suoi peccati in maniera ossessiva e giungeva persino a flagellarsi nel tentativo di controllare il suo corpo peccaminoso, ma ogni suo sforzo era vano.

Tutti nasciamo con una natura di peccato che ci porta a peccare. Studiando le Scritture, Martin Lutero scoprì di trovarsi in una battaglia persa in partenza, ma scoprì anche che Dio non si aspetta che viviamo una vita completamente priva di peccato. Lui sa bene che non siamo in grado di farlo, ed è per questo motivo che ha mandato il Suo Figlio senza macchia per pagare il prezzo completo dei nostri peccati. Grazie al sacrificio di Gesù, Dio considera giusto chiunque abbia scelto Gesù come Signore della propria vita! La Sua Parola dice che ha rimosso i nostri peccati tanto quanto è lontano l'oriente dall'occidente. **Esatto, quando tu ed io siamo senza peccato agli occhi di Dio, succede proprio questo!**

Martin Lutero comunicò la sua scoperta alla Chiesa cattolica e dissentì sull'enfasi che veniva posta sull'importanza delle buone opere, del fare penitenza e/o di versare ingenti somme nelle casse della Chiesa per ottenere il favore di Dio. Lo studio delle Scritture insegnò a Lutero che gli esseri umani sono salvati dai loro peccati solamente per la grazia e la misericordia di Dio.

Non c'è niente che possiamo fare per guadagnarci l'amore e il perdono di Dio: è il dono di un Dio misericordioso e pieno di amore.

> *Voi infatti siete stati salvati per grazia, mediante la fede, e ciò non viene da voi, è il dono di Dio, non per opere, perché nessuno si glori. – Efesini 2:8-9*

Il concetto di "penitenza" proviene dalla mente dell'uomo, non da Dio. È l'uomo che cerca in tutti i modi di ottenere il favore di Dio per mezzo di opere che plachino e allontanino la Sua ira. Ma il Dio che si è rivelato a noi nella Bibbia non è così: è un Dio di misericordia e compassione, pronto a perdonare chiunque venga a Lui nel nome di Suo Figlio Gesù Cristo.

Ecco come Dio descrive Sé stesso:

Allora l'Eterno discese nella nuvola e si fermò là vicino a lui (Mosè), e proclamò il nome dell'Eterno. E l'Eterno passò davanti a lui e gridò: «L'Eterno, l'Eterno Dio, misericordioso e pietoso, lento all'ira, ricco in benignità e fedeltà, che usa misericordia a migliaia, che perdona l'iniquità, la trasgressione e il peccato".
– Esodo 34:5-7

E questo è come San Paolo descrive l'incredibile amore di Dio:

Affinché, radicati e fondati nell'amore, possiate comprendere con tutti i santi quale sia la larghezza, la lunghezza, la profondità e l'altezza, e conoscere l'amore di Cristo che sopravanza ogni conoscenza.
– Efesini 3:18-19

E scrive anche:

> *Ma Dio manifesta il suo amore verso di noi in questo che, mentre eravamo ancora peccatori, Cristo è morto per noi. – Romani 5:8*

In altre parole, Dio non ci ha detto: "Prima devi rigare dritto e poi, semmai, puoi venire a me"... Ha pagato di persona per i nostri peccati e poi ci ha invitati a ricevere il dono della vita eterna, confidando nel sacrificio del Figlio come pagamento completo per i nostri peccati.

Una volta accettato Gesù come Signore della nostra vita, non continueremo intenzionalmente a commettere i peccati che sappiamo benissimo che non Gli sono graditi. Anche quando cadiamo, dobbiamo solamente riconoscere la nostra colpa e chiedere perdono.

> *Se confessiamo i nostri peccati, egli è fedele e giusto, da perdonarci i peccati e purificarci da ogni iniquità. – 1 Giovanni 1:9*

Come dice San Paolo, non apparteniamo più a noi stessi: siamo stati comprati a caro prezzo con il sangue di Gesù.

Possiamo essere sicuri della nostra salvezza?

Sono in molti a dubitare della propria salvezza. Come già discusso nel capitolo sul purgatorio, nessuna delle nostre azioni può in alcun modo contribuire alla nostra salvezza. Gesù ha scontato l'intera

punizione per i nostri peccati e non c'è nient'altro che possa essere
fatto per farci riappacificare con Dio.

Ma leggiamo poi nella Bibbia:

> *Non sapete voi che gli ingiusti non erediteranno il
> regno di Dio? Non v'ingannate: né i fornicatori, né gli
> idolatri, né gli adulteri, né gli effeminati, né gli
> omosessuali, né i ladri, né gli avari, né gli ubriaconi, né
> gli oltraggiatori, né i rapinatori erediteranno il regno
> di Dio.*
> *– 1 Corinzi 6:9-10*

...e cominciamo nuovamente a dubitare della nostra salvezza.
Siamo abbastanza giusti?

San Paolo prosegue...

> *Or tali eravate già alcuni di voi; ma siete stati lavati,
> ma siete stati santificati, ma siete stati giustificati nel
> nome del Signore Gesù e mediante lo Spirito del nostro
> Dio.*
> *– 1 Corinzi 6:11*

Quindi i nostri peccati sono stati perdonati, indipendentemente da
quanto gravi fossero, ma cosa succede con i peccati che
continuiamo a commettere? Non si può mica continuare a peccare
intenzionalmente e pretendere che Dio continui a perdonarci,
giusto? No, non si può. Continueremo tutti a peccare finché
rimarremo in vita, poiché viviamo nei nostri corpi terreni di
peccato. Tuttavia, quando pecchiamo <u>intenzionalmente</u>, dobbiamo

pentirci e confessare il peccato commesso. La confessione non significa altro se non riconoscere davanti a Dio di aver fatto qualcosa di sbagliato e chiedere perdono. Se la nostra confessione e il nostro pentimento sono sinceri, Dio non ci negherà il Suo perdono e ripristinerà la relazione che abbiamo infranto intenzionalmente. D'altro canto...

> *Infatti, se noi pecchiamo volontariamente dopo aver ricevuto la conoscenza della verità, non rimane più alcun sacrificio per i peccati, ma soltanto una spaventosa attesa di giudizio e un ardore di fuoco che divorerà gli avversari. – Ebrei 10:26-27*

La Bibbia dice che credere in Gesù Cristo ci dà il diritto di essere chiamati figli di Dio, il diritto di avvicinarci al Suo trono e a parlare con Lui in preghiera nello stesso modo in cui un figlio parla con il padre che lo ama. Questa nuova relazione è destinata a durare per l'eternità. Gesù disse che non permetterà mai a Satana di strapparci dalle Sue mani.

Una relazione molto simile al matrimonio istituito da Dio

In un certo senso, ci sono molte analogie con l'istituzione del matrimonio: dopo l'altare siamo sposati, è ufficiale! La nuova relazione è destinata ad essere definitiva. È inevitabile che nella relazione tra marito e moglie ci siano alti e bassi. Ci saranno momenti in cui offenderemo il nostro coniuge o magari ci dimenticheremo del suo compleanno. A volte potremmo essere talmente occupati con altre cose da non passare abbastanza tempo con lui o con lei. Le cose che facciamo possono far ingelosire o arrabbiare la nostra dolce metà e potremmo persino essere infedeli ed offendere profondamente il nostro coniuge. EPPURE, in tutto questo **continuiamo a essere sposati**: continuiamo a trovarci in questa relazione speciale. Se ci pentiamo per le nostre manchevolezze e se il coniuge ha un'indole incline al perdono, come quella di Dio, ci perdonerà tutto quello che abbiamo fatto di male e continuerà ad amarci. La relazione rimarrà integra.

Quando varchiamo la soglia della fede, credendo che Gesù è morto per i nostri peccati e confessandoLo come Signore, lo Spirito Santo prende dimora in noi. In quel momento esatto entriamo in una relazione di salvezza con Dio che è molto simile alla relazione tra due persone sposate. Dio sa che ci saranno alti e bassi. Lo offenderemo, Lo faremo ingelosire per come impieghiamo il tempo e per via delle cose a cui daremo la priorità. Potremmo cadere nei peccati della carne e potremmo anche esserGli completamente infedeli per un tempo, ma la relazione continuerà. **Non avremo perso la salvezza!** Dio opererà pazientemente per indurci al pentimento, perché desidera che la relazione rimanga intatta. L'unica cosa che può portare Dio a desistere è se <u>noi</u> smettiamo di apprezzarne il valore. Se <u>noi</u> insistiamo a fare di testa nostra e continuiamo a non investire nella relazione, giungerà un momento in cui Dio esaurirà la pazienza... E il Suo Spirito Santo ci abbandonerà. Saremo stati <u>noi</u> ad aver interrotto la relazione, mostrandoGli il nostro disprezzo.

Mi piace ribadire che dobbiamo fare di Gesù **"il Signore della nostra vita"**. Per me, questo significa non solo che abbiamo fiducia nella Sua morte sulla croce come pagamento completo per i nostri peccati, ma anche che cerchiamo di comportarci in maniera a Lui gradita nella nostra vita quotidiana, perché non apparteniamo più a noi stessi: Lui ci ha comprato a caro prezzo con il Suo sangue prezioso. Gli dobbiamo tutto.

Una volta cominciata una relazione con il Dio vivente, dobbiamo
fare la nostra parte per mantenere con Lui una relazione sana. Ecco
quattro azioni importanti da compiere per proteggere la nostra
nuova relazione:

1.   **Leggere la Bibbia** e lasciare che Dio ci parli attraverso la
Sua Parola. La Bibbia ci aiuta ad acquisire una conoscenza più
intima di Dio; ci aiuta a cominciare a capire il Suo carattere e
l'amore straordinario che ha per noi. La Sua Parola ha il potere di
trasformare le nostre vite e di cambiarci dall'interno verso
l'esterno.

2.   **Parlare con Dio** in preghiera. Ogni relazione si basa su una
comunicazione bidirezionale. Lui vuole che Gli parliamo, vuole
che Gli chiediamo quello di cui abbiamo bisogno e che Lo
ringraziamo per tutto quello che fa per noi. Dio ascolta ed
esaudisce le preghiere dei figli Suoi.

3.   **Scegliere con attenzione i nostri amici più stretti**. La
Bibbia dice che le cattive compagnie corrompono i buoni costumi.
Se l'uso della droga può essere per noi una tentazione, dobbiamo
evitare di trascorrere tempo con persone che trafficano o fanno uso
di droga. Se siamo particolarmente vulnerabili alle tentazioni di
natura sessuale, dobbiamo restare alla larga da chi ci può indurre a
cadere in questo tipo di peccato.

4.   **Parlare ad altre persone di Gesù** e della nostra relazione
con Dio. Il Suo desiderio è che tutti vadano a Lui e siano salvati.
Ci ha affidato la responsabilità di dirlo ad altre persone.

Se facciamo queste quattro cose, investiamo attivamente nella
nostra relazione con Dio e Satana non riuscirà a separarci da Lui.

Dio definì il Re Davide come un uomo secondo il Suo cuore. Leggi questa preghiera, che proviene dal cuore di Davide:

> *Chi conosce i suoi errori? Purificami da quelli che mi sono occulti. Preserva inoltre il tuo servo dai peccati volontari, e fa che non signoreggino su di me; allora io sarò integro e sarò puro da grandi trasgressioni. Siano gradite davanti a te le parole della mia bocca e la meditazione del mio cuore, o Eterno, mia rocca e mio redentore. – Salmi 19:12-14*

La risposta alla domanda "È possibile essere sicuri della salvezza?" è quindi un clamoroso: "Assolutamente sì!".
Se facciamo di Gesù il Signore della nostra vita, trascorreremo l'eternità con Lui. La nostra continua incapacità di vivere senza peccato non ci può più essere imputata come accusa, perché Gesù ha scontato l'intera punizione per i nostri peccati. Dio ci considera irreprensibili, perché siamo stati lavati dal sangue di Suo Figlio.

> *Or a colui che può salvaguardarvi da ogni caduta e farvi comparire davanti alla sua gloria irreprensibili e con grande gioia, all'unico Dio sapiente, il nostro Salvatore, sia gloria, grandezza dominio e potestà, da ora e per tutte le età. – Giuda 24-25*

Leggere la Bibbia

Esorto chiunque stia leggendo questo libro a leggere regolarmente la Bibbia: è fondamentale sapere cosa dice. Verifica meticolosamente tutto quello che ti viene detto e, se non è scritto nella Bibbia, la conclusione logica è che ti sia stato comunicato il risultato di un ragionamento umano che può o meno essere valido.

Man mano che leggi la Parola di Dio, chiediGli di aprirti la mente e aiutarti a capire. È la *Sua* Parola e l'ha fatta scrivere per *te*, per cui Gli sta a cuore che tu la capisca.

Leggere la Parola di Dio è estremamente vantaggioso.

> *Tutta la Scrittura è divinamente ispirata e utile a insegnare, a convincere, a correggere e a istruire nella giustizia. – 2 Timoteo 3:16*

Nelle Scritture, la dicitura "uomo di Dio" non si riferisce a membri del clero nella gerarchia ecclesiastica. Indica persone come *me* e *te*: uomini e donne che sono seguaci di Gesù Cristo. Dobbiamo conoscere quello che dice la Parola di Dio, per evitare di essere ingannati da ciarlatani che si spacciano per messaggeri di Dio.

Dobbiamo scoprire la Sua volontà per la nostra vita. Dio ha un proposito per ciascuno di noi, che è stato stabilito ancor prima che nascessimo, ma dobbiamo rimanere sulla Sua stessa lunghezza d'onda per udire la Sua voce.

> *Noi infatti siamo opera sua, creati in Cristo Gesù per le buone opere che Dio ha precedentemente preparato, perché le compiamo. – Efesini 2:10*

Capitolo 6

La Chiesa dovrà rendere conto a un Dio Santo

La Sua ira legittima

Dio è pieno di amore, gentile, misericordioso e clemente... verso coloro che ai Suoi occhi appaiono irreprensibili a motivo della loro fede e fiducia in ciò che Gesù ha compiuto sulla croce.

Ma non dobbiamo dimenticare mai che è anche un Dio santo, che non tollera la malvagità. In particolar modo, non tollera chi si professa Suo rappresentante, ma non osserva i Suoi comandamenti oppure partecipa ad attività palesemente immorali; anzi, a queste persone Dio riserva un giudizio più severo.

Quelle che seguono sono tre storie della Bibbia che dimostrano l'ira legittima di Dio verso il peccato. Come vedrai, ha ben poca tolleranza.

In Levitico capitolo 10, Aaronne è il sommo sacerdote. Anche i suoi figli Nadab e Abihu sono sacerdoti. I suoi figli presero alla leggera la responsabilità di servire Dio, evitando di seguire le istruzioni specifiche che Lui aveva fornito.

Poi Nadab e Abihu, figli di Aaronne, presero ciascuno il proprio turibolo, vi misero dentro del fuoco, vi posero sopra l'incenso e offrirono davanti all'Eterno un fuoco

93

illecito, che egli non aveva loro comandato. Allora un fuoco uscì dalla presenza dell'Eterno e li divorò; e morirono davanti all'Eterno. Perciò Mosè disse ad Aaronne: «Questo è ciò di cui l'Eterno parlò, dicendo: "Io sarò santificato da coloro che si avvicinano a me, e sarò glorificato davanti a tutto il popolo"». E Aaronne tacque. Mosè quindi chiamò Mishael ed Eltsafan, figli di Uzziel, zio di Aaronne, e disse loro: «Avvicinatevi e portate via i vostri fratelli dal davanti del santuario, fuori del campo». Così essi si avvicinarono e li portarono via nelle loro tuniche, fuori del campo, come Mosè aveva detto. Poi Mosè disse ad Aaronne, a Eleazar e Ithamar, suoi figli: «Non scoprite il vostro capo e non stracciate le vostre vesti, per non morire, e perché l'Eterno non si adiri contro tutta l'assemblea; ma i vostri fratelli, l'intera casa d'Israele, facciano lutto per il fuoco che l'Eterno ha acceso. Non allontanatevi dall'ingresso della tenda di convegno, perché non abbiate a morire, poiché l'olio dell'unzione dell'Eterno è su di voi». Ed essi fecero come Mosè aveva detto.
– Levitico 10:1-7

Nel secondo passo, osserviamo l'ardente ira di Dio verso l'idolatria.

L'Eterno quindi disse a Mosè: «Prendi tutti i capi del popolo e falli uccidere ed impiccare davanti all'Eterno all'aperto, in pieno sole, affinché l'ardente ira dell'Eterno si allontani da Israele». Così Mosè disse ai giudici d'Israele: «Ciascuno di voi uccida dei suoi uomini coloro che si sono uniti a Baal-Peor». Ed ecco

uno dei figli d'Israele venne e presentò ai suoi fratelli una donna madianita, sotto gli occhi di Mosè e di tutta l'assemblea dei figli d'Israele, mentre essi stavano piangendo all'ingresso della tenda di convegno. Al vedere questo, Finehas figlio di Eleazar, figlio del sacerdote Aaronne si alzò in mezzo all'assemblea e prese in mano una lancia, seguì quindi l'uomo d'Israele nella sua alcova e li trafisse ambedue, l'uomo d'Israele e la donna, nel basso ventre. Così la calamità tra i figli d'Israele fu arrestata. Di quella calamità morirono ventiquattromila persone. Allora l'Eterno parlò a Mosè dicendo:«Finehas figlio di Eleazar, figlio del sacerdote Aaronne, ha rimosso la mia ira dai figli d'Israele, perch'egli è stato animato della stessa mia gelosia in mezzo a loro; così nella mia gelosia non ho sterminato i figli d'Israele. Perciò digli: "Ecco, io stabilisco con lui un'alleanza di pace, che sarà per lui e per la sua progenie dopo di lui l'alleanza di un sacerdozio perpetuo, perché ha avuto zelo per il suo DIO e ha fatto l'espiazione per i figli d'Israele"».
– Numeri 25:4-13

Infine, il Re Davide provocò l'ira di Dio quando fece un censimento per contare tutti gli uomini di Israele atti a maneggiare la spada. Davide cercava rassicurazione nella forza umana, invece di cercarla nel Signore che lo aveva sempre liberato. Quando capì di aver agito stoltamente, confessò il suo peccato e chiese a Dio di perdonarlo.

Questa cosa dispiacque a DIO, perciò colpì Israele.
Così Davide disse a DIO: «Ho gravemente peccato facendo questa cosa; ma ora, ti prego, rimuovi

l'iniquità del tuo servo, perché ho agito con grande stoltezza». Allora l'Eterno parlò a Gad, il veggente di Davide, dicendo: «Va' a dire a Davide: "Così dice l'Eterno: Io ti propongo tre cose: scegliti una di queste, e io la eseguirò per te"». Gad andò da Davide e gli disse: «Così dice l'Eterno: Scegliti o tre anni di carestia, oppure tre mesi di distruzione davanti ai tuoi avversari, durante i quali la spada dei tuoi nemici ti raggiungerà, oppure tre giorni di spada dell'Eterno, ossia la peste nel paese, durante i quali l'angelo dell'Eterno porterà la distruzione in tutto il territorio d'Israele. Ora fammi sapere la risposta che devo riferire a colui che mi ha mandato». Davide disse a Gad: «Io sono in una grande angoscia! Deh, che io cada nelle mani dell'Eterno, perché le sue compassioni sono grandissime, ma che non cada nelle mani degli uomini!». Così l'Eterno mandò la peste in Israele, e morirono settantamila Israeliti. DIO mandò pure un angelo a Gerusalemme per distruggerla; ma, mentre egli si apprestava a distruggere, l'Eterno volse lo sguardo, si pentì della calamità inflitta e disse all'angelo che distruggeva: «Ora basta! Trattieni la tua mano!». – 1 Cronache 21:7-15*

Dio sta chiamando il Suo popolo a lasciare la Chiesa cattolica romana?

Invece di accompagnare le persone verso una relazione con il Dio vivente, la Chiesa cattolica romana ha indotto miliardi di anime ad instaurare una relazione con un'istituzione dominata dalla cupidigia e dalla corruzione, che ha ingannato la gente con dottrine degli uomini prive di fondamento biblico.

Il libro dell'Apocalisse contiene molte metafore che sono difficili da capire. Nonostante questo, la mia teoria è che, mettendo insieme gli indizi elencati nel capitolo 7 di questo libro, si possa senza quasi alcun dubbio giungere alla conclusione che la grande prostituta sia la Chiesa cattolica romana. Ma dovrai essere tu a formarti un'opinione.

> *Poi udii un'altra voce dal cielo che diceva: «Uscite da essa, o popolo mio, affinché non abbiate parte ai suoi peccati e non vi venga addosso alcuna delle sue piaghe, perché i suoi peccati si sono accumulati e sono giunti fino al cielo, e Dio si è ricordato delle sue iniquità».*
> *– Apocalisse 18:4-5*

Nella Chiesa cattolica ci sono molti uomini e donne timorati di Dio, che Lo amano sinceramente. Hanno cercato il Dio della Bibbia e Lo hanno trovato. Hanno instaurato una relazione personale con il loro Creatore e Redentore. Riconoscono molti dei difetti della Chiesa, ma non hanno mai pensato seriamente di lasciarla. Alcuni hanno persino cercato di riformarla dall'interno, ma con ben pochi risultati.

Capitolo 7

Indizi delle profezie degli ultimi tempi

Nella Sua sapienza, Dio ha voluto darci alcuni indizi sull'identità della grande prostituta (o meretrice) descritta nell'Apocalisse, ai capitoli 17 e 18. Spetta a noi mettere insieme gli indizi per scoprire a chi si riferiscano. Ecco un breve riepilogo di questi indizi.

1. Regna da una città con sette colli, detta Babilonia.
2. Regna su moltitudini di persone di qualsiasi nazione e lingua.
3. I re della terra hanno commesso adulterio con lei.
4. Ha sulle mani il sangue del popolo di Dio.
5. Il suo lusso sfrenato ha arricchito i mercanti della terra.
6. In lei non si udranno più musica o voci liete di sposi e spose.

Regna da una città con sette colli

Qui sta la mente che ha sapienza: le sette teste sono sette monti, sui quali la donna siede. – Apocalisse 17:9

La città di Roma è sempre stata definita la città dei sette colli. Infatti, le note di Apocalisse 17 nelle traduzioni inglesi della Bibbia *New American Bible* e *Jerusalem Bible, entrambe versioni cattoliche*, indicano che i sette colli sono i sette colli di Roma. Città del Vaticano è uno stato sovrano indipendente, il cui territorio è incorporato alla città di Roma, la capitale dell'Italia.

All'interno della Città del Vaticano si trovano la Basilica di San Pietro, che è la più grande chiesa al mondo, la Cappella Sistina, i Musei Vaticani, il Palazzo Apostolico, che è la residenza del Papa, il Palazzo del Governatorato e la Biblioteca Vaticana. Il Vaticano è sotto l'autorità assoluta del Papa della Chiesa cattolica romana.

I sette colli di Roma

Al momento della scrittura del libro dell'Apocalisse, i primi cristiani venivano perseguitati da Roma, che era storicamente nota come la "città dei sette colli".

Secondo l'Enciclopedia cattolica:

"È nella città di Roma, nota come la città dei sette colli, che si trova racchiuso l'intero territorio dello Stato della Città del Vaticano".

Regna su moltitudini di persone di qualsiasi nazione e lingua

Poi mi disse: «Le acque che hai visto, dove siede la meretrice, sono popoli, moltitudini, nazioni e lingue». – Apocalisse 17:15

Si stima che la Chiesa cattolica abbia circa 1,2 miliardi di membri in tutto il mondo... più o meno un sesto della popolazione mondiale.

Se hai un computer, ti consiglio di fare una ricerca su una o più di queste voci:

Chiesa cattolica in Algeria
Chiesa cattolica in Albania
Chiesa cattolica in Andorra
Chiesa cattolica in Angola
Chiesa cattolica in Argentina
Chiesa cattolica in Armenia
Chiesa cattolica in Australia
Chiesa cattolica in Austria
Chiesa cattolica in Bangladesh
Chiesa cattolica in Brunei
Chiesa cattolica nelle Bahamas
Chiesa cattolica in Bielorussia
Chiesa cattolica in Belgio
Chiesa cattolica in Belize
Chiesa cattolica in Bolivia
Chiesa cattolica in Bosnia-Erzegovina
Chiesa cattolica in Brasile
Chiesa cattolica in Bulgaria
Chiesa cattolica in Birmania
Chiesa cattolica in Canada
Chiesa cattolica in Cile
Chiesa cattolica in Cina
Chiesa cattolica in Colombia
Chiesa cattolica in Costa Rica
Chiesa cattolica in Croazia
Chiesa cattolica a Cuba
Chiesa cattolica nella Repubblica Ceca
Chiesa cattolica in Costa d'Avorio
Chiesa cattolica in Danimarca
Chiesa cattolica in Dominica
Chiesa cattolica nella Repubblica Dominicana
Chiesa cattolica in Ecuador
Chiesa cattolica in Egitto
Chiesa cattolica in El Salvador
Chiesa cattolica in Guinea Equatoriale
Chiesa cattolica in Estonia
Chiesa cattolica in Etiopia

Chiesa cattolica nelle Isole Fiji
Chiesa cattolica in Finlandia
Chiesa cattolica in Francia
Chiesa cattolica in Guyana Francese
Chiesa cattolica in Ghana
Chiesa cattolica in Guatemala
Chiesa cattolica in Gambia
Chiesa cattolica in Germania
Chiesa cattolica in Guyana
Chiesa cattolica in Haiti
Chiesa cattolica in Honduras
Chiesa cattolica a Hong Kong
Chiesa cattolica in Ungheria
Chiesa cattolica in Islanda
Chiesa cattolica in India
Chiesa cattolica in Indonesia
Chiesa cattolica in Iraq
Chiesa cattolica in Irlanda
Chiesa cattolica in Israele
Chiesa cattolica in Italia
Chiesa cattolica in Giamaica
Chiesa cattolica in Giappone
Chiesa cattolica in Kenya
Chiesa cattolica in Corea
Chiesa cattolica in Libano
Chiesa cattolica in Lettonia
Chiesa cattolica in Lituania
Chiesa cattolica in Lussemburgo
Chiesa cattolica in Mauritius
Chiesa cattolica a Macao
Chiesa cattolica in Madagascar
Chiesa cattolica in Malesia
Chiesa cattolica in Messico
Chiesa cattolica in Namibia
Chiesa cattolica in Corea del Nord
Chiesa cattolica nei Paesi Bassi
Chiesa cattolica nelle Antille Olandesi
Chiesa cattolica in Nuova Zelanda
Chiesa cattolica in Nicaragua
Chiesa cattolica in Nigeria

Chiesa cattolica in Norvegia
Chiesa cattolica in Papua Nuova Guinea
Chiesa cattolica in Pakistan
Chiesa cattolica in Palau
Chiesa cattolica in Panama
Chiesa cattolica in Paraguay
Chiesa cattolica in Perù
Chiesa cattolica nelle Filippine
Chiesa cattolica in Polonia
Chiesa cattolica in Portogallo
Chiesa cattolica in Porto Rico
Chiesa cattolica in Russia
Chiesa cattolica in Sudafrica
Chiesa cattolica in Sri Lanka
Chiesa cattolica nelle Isole Salomone
Chiesa cattolica in Corea del Sud
Chiesa cattolica in Santa Lucia
Chiesa cattolica in Scozia
Chiesa cattolica in Serbia
Chiesa cattolica in Sierra Leone
Chiesa cattolica a Singapore
Chiesa cattolica in Slovenia
Chiesa cattolica in Spagna
Chiesa cattolica in Svezia
Chiesa cattolica a São Tomé e Príncipe
Chiesa cattolica in Taiwan
Chiesa cattolica in Thailandia
Chiesa cattolica in Tonga
Chiesa cattolica a Trinidad e Tobago
Chiesa cattolica in Uganda
Chiesa cattolica nel Regno Unito
Chiesa cattolica negli Stati Uniti
Chiesa cattolica in Uruguay
Chiesa cattolica a Vanuatu
Chiesa cattolica in Venezuela
Chiesa cattolica in Vietnam
Chiesa cattolica nello Yemen
Chiesa cattolica in Zambia
Chiesa cattolica in Zimbabwe

La donna è una città

E la donna che hai visto è la grande città che regna sui re della terra. – Apocalisse 17:18

I re della terra hanno commesso adulterio con lei

Perché tutte le nazioni hanno bevuto del vino dell'ardore della sua fornicazione, i re della terra hanno fornicato con lei e i mercanti della terra si sono arricchiti a motivo del suo sfrenato lusso.
– Apocalisse 18:3

La principale preoccupazione della Chiesa cattolica romana sono sempre stati i soldi e il potere. I suoi papi hanno intessuto rapporti immorali ma finanziariamente vantaggiosi con molti re e sovrani del mondo.

Una lunga serie di papi ha rivendicato il proprio dominio sull'intero mondo cristiano, esigendo l'obbedienza e il pagamento di tributi alla Chiesa.

Nel suo libro *A Woman Rides the Beast* (Una donna cavalca la bestia) © 1994, il ricercatore e studioso di profezie Dave Hunt sottolinea che la Bibbia parla chiaramente di un adulterio di tipo spirituale, non fisico.

"Nella Bibbia, fornicazione ed adulterio vengono usati sia in senso fisico che in senso spirituale. Dio disse di Gerusalemme: "Come mai la città fedele è divenuta una prostituta?" (Isaia 1:21). Israele, che Dio aveva separato da tutti gli altri popoli per essere santa per il Suo proposito, aveva stretto alleanze empie ed adultere con le nazioni idolatre che la circondavano. Non è possibile che una città potesse commettere fornicazione in senso letterale e carnale. Si deduce quindi che Giovanni, come i profeti dell'Antico Testamento, adoperi questo termine in senso spirituale.

Pertanto, la città deve avere una relazione spirituale con Dio, altrimenti un'affermazione di questo genere sarebbe insensata".

Dave Hunt prosegue descrivendo la promiscuità politica universale della Chiesa cattolica:

"Papa Alessandro VI (1492-1503) rivendicò come possedimento del Pontefice romano tutti i territori inesplorati, potendone disporre a suo beneplacito nel nome di Cristo, in qualità di Suo vicario. Re Giovanni II di Portogallo era convinto che, nella sua bolla Romanus Pontifex, il papa avesse concesso esclusivamente a lui e al suo Paese tutti i territori scoperti da Colombo. Tuttavia, Ferdinando e Isabella di Spagna reputavano che il papa avesse assegnto alcuni degli stessi territori a loro. Nel maggio del 1493, Alessandro VI, che era nato in Spagna, emise tre bolle per risolvere la contesa.

Nel nome di Cristo, che non aveva su questa terra nessun posto che Lui definisse Suo, questo papa appartenente alla famiglia Borgia, nella sua estrema malvagità e nella convinzione di essere padrone del mondo, tracciò una linea da nord a sud nel planisfero dell'epoca, assegnando tutti i territori ad est al Portogallo e tutti quelli ad ovest alla Spagna. Pertanto, per concessione papale, "nella pienezza del potere apostolico", l'Africa fu assegnata al Portogallo e le Americhe alla Spagna. Quando il Portogallo "riuscì a raggiungere India e Malesia, si assicurò la conferma di queste scoperte da parte del Papato...". Naturalmente a una condizione: "allo scopo di indurre gli abitanti ... a professare la fede cattolica". Sono state principalmente America Centrale e America del Sud le aree nelle quali, come conseguenza di questa alleanza malvagia tra chiesa e stato, il Cattolicesimo romano è stato imposto con la spada, e tutt'oggi questi territori sono

107

cattolici. L'America del Nord (a eccezione del Québec e della Louisiana) ha evitato il dominio del Cattolicesimo romano, perché è stata colonizzata principalmente da protestanti.

E i discendenti di Aztechi, Inca e Maya non hanno dimenticato che i preti cattolici romani, aiutati dalla spada laica, costrinsero i loro antenati a scegliere tra la conversione (che spesso significava la schiavitù) o la morte. Quando Giovanni Paolo II, in una recente visita in America Latina, suggerì di canonizzare Junípero Serra (uno dei principali responsabili della conversione forzata degli Indiani al Cattolicesimo), lo scalpore suscitato fu tale da costringere il papa a condurre la cerimonia in segreto".

Un esercito di 200 guardie difende il Vaticano

La città dei sette colli è anche detta Babilonia la grande

Essi se ne staranno lontani per timore del suo tormento e diranno: «Ahi! Ahi! Babilonia, la grande città, la potente città, perché il tuo giudizio è venuto in un momento!» – Apocalisse 18:10

Quando fu scritto il Libro dell'Apocalisse, uno dei nomi con cui veniva chiamata Roma era "Babilonia". San Pietro, nella prima delle sue lettere, scrisse:

La chiesa che è in Babilonia eletta come voi, vi saluta. Anche Marco, mio figlio, vi saluta. – 1 Pietro 5:13

È opinione diffusa che Pietro scrivesse da Roma.

Piazza San Pietro, in Vaticano

Persino l'apologeta cattolico Karl Keating, nel suo libro *Catholicism and Fundamentalism: The Attack on "Romanism"* (Cattolicesimo e fondamentalismo: l'attacco al "Romanismo"), ammette che da diverso tempo Roma viene detta Babilonia, scrivendo:

"Babilonia è il nome in codice di Roma. Viene usato in questo modo sei volte nell'ultimo libro della Bibbia [quattro su sei si trovano nei capitoli 17 e 18]... Inoltre, Eusebio Panfilo, nel 303 circa, rimarcò: «si dice che la prima lettera di Pietro ... fu scritta proprio a Roma e lui stesso lo indica, chiamandola metaforicamente Babilonia »".

Non può essere un riferimento all'antica Babilonia, in quanto non si trovava su sette colli.

Sono stati effettuati diversi studi a sostegno dell'identificazione di Roma quale "Babilonia la grande", cfr. Bauckham (1993); Collins (1980); Friesen (1993); Giesen (1996); Kraybill (1996); Biguzzi (1998).

Ha sulle mani il sangue del popolo di Dio

Rendete ciò che essa ha fatto a voi, anzi rendetele il doppio secondo le sue opere; nella coppa in cui ha versato, versatele il doppio!
– Apocalisse 18:6

E in essa è stato trovato il sangue dei profeti e dei santi e di tutti coloro che sono stati uccisi sulla terra.
– Apocalisse 18:24

La Chiesa cattolica ha condotto diverse inquisizioni. Possono essere definite collettivamente come "L'Inquisizione". Parleremo brevemente delle tre principali inquisizioni. La prima fu l'Inquisizione medievale, che ebbe inizio nel 1184 nel sud della Francia e che terminò ufficialmente solo alla fine degli anni '60 del secolo scorso. L'Inquisizione spagnola fu un evento completamente a parte, che cominciò nel 1478 e terminò nel 1834. Ci fu poi l'Inquisizione romana, che ebbe inizio nel 1542 e proseguì fino alla metà del 1800. Le varie inquisizioni hanno avuto luogo nel corso di circa un millennio.

Le inquisizioni erano tribunali legali in cui la giuria era costituita principalmente da esponenti del clero della Chiesa cattolica romana. Avevano il compito di scovare, processare e condannare le persone che la Chiesa riteneva colpevoli di eresia.

Lo scopo delle inquisizioni era proteggere e affermare l'unità religiosa e dottrinale all'interno della Chiesa cattolica romana e nell'intero Sacro Romano Impero, attraverso la conversione, tortura o esecuzione dei presunti eretici.

In queste inquisizioni moltissime persone furono torturate e/o assassinate dalla Chiesa cattolica. Tra questi "eretici" si trovavano: donne accusate di essere streghe, musulmani, Cavalieri templari, oppositori della Chiesa e molti cristiani non-cattolici che si rifiutarono di rinnegare la propria fede nella salvezza solo tramite Gesù Cristo e di giurare fedeltà alla Chiesa cattolica. Questi non cedettero alle eresie della chiesa e non professarono convinzioni in cui non credevano.

Non si conoscerà mai il numero esatto di persone morte per mano della Chiesa cattolica per il fatto di non aver voluto rinnegare il proprio credo... Bruciati al rogo, torturati a morte, o semplicemente lasciati morire di malnutrizione o malattie, in prigioni fredde, umide e buie. Sia che siano stati centinaia di migliaia o, come sostengono molti, decine di milioni, possiamo essere relativamente certi che la Chiesa cattolica, con il suo grande potere e la sua ricchezza smisurata, ingaggiò i personaggi più talentuosi per riscrivere la storia e depurare gli archivi storici ovunque fosse possibile.

Qualsiasi fosse il numero di persone uccise, molte di più furono torturate fino al punto di arrendersi. Dio ha visto tutto e non lo dimentica!

La Santa Rota Romana: il tribunale legale della Chiesa cattolica

La nascita dell'**Inquisizione medievale** è in parte dovuta alla sempre più dilagante corruzione morale della Chiesa cattolica. Erano sorte delle sette che mettevano in discussione, tra le altre cose, la pratica della Chiesa cattolica di accettare "bustarelle" per approvare matrimoni che sarebbero stati altrimenti considerati illegali, nonché l'eccessiva ricchezza del clero. L'obiettivo principale dell'Inquisizione era di debellare queste sette. Alcuni inquisitori si arricchirono confiscando i beni degli "eretici", altri grazie alla vendita di assoluzioni. Nel 1252, Papa Innocenzo IV emise una bolla papale che autorizzava l'uso della tortura da parte degli inquisitori.

L'**Inquisizione spagnola** fu molto violenta. Il suo bersaglio principale furono gli ebrei che professavano la fede cattolica ma rifiutavano di abbandonare alcune pratiche religiose ebraiche. Venivano detti "cripto-giudei".

L'**Inquisizione romana** perseguitò persone accusate di una vasta serie di "crimini" che avevano a che fare con eresia, stregoneria, immoralità, blasfemia e arti magiche. Anche in questo caso, come nell'Inquisizione spagnola, i cripto-giudei furono uno dei bersagli principali.

Ingannati: Dio sta chiamando il Suo popolo a lasciare la Chiesa cattolica romana?

Una donna bruciata sul rogo

Il suo lusso sfrenato ha arricchito i mercanti della terra

La donna era vestita di porpora e di scarlatto, era tutta adorna d'oro, di pietre preziose e di perle, e aveva in mano una coppa d'oro... – Apocalisse 17:4

I mercanti della terra si sono arricchiti a motivo del suo sfrenato lusso. – Apocalisse 18:3

Anche i mercanti della terra piangeranno e si lamenteranno per lei, perché nessuno compera più le loro merci: merci d'oro e d'argento, di pietre preziose e di perle, di bisso e di porpora, di seta e di scarlatto, e ogni sorta di legno profumato, ogni specie di oggetti d'avorio e di legno preziosissimo, di bronzo, di ferro e di marmo, e cinnamomo, profumi, olii odorosi, incenso, vino, olio, fior di farina, frumento, bestiame, pecore, cavalli, carri, corpi e anime umane.
– Apocalisse 18:11-13

Quella che segue è la traduzione di alcuni passi tratti da *The Vatican Billions* (I miliardi del Vaticano) di Avro Manhattan, un libro pubblicato nel 1983 (in corsivo):

"La pubblicazione United Nations World Magazine stima che il tesoro del Vaticano in oro massiccio ammonti a diversi miliardi di dollari. Gran parte di questo tesoro è conservato in lingotti d'oro presso la Banca di riserva federale degli Stati Uniti, mentre il resto si trova in banche inglesi o svizzere. E ciò rappresenta solamente una piccola parte del patrimonio del Vaticano, che solo negli Stati Uniti supera quello delle cinque società più ricche del

*paese. Se a questo si sommano tutte le proprietà immobiliari, le
azioni e partecipazioni societarie in altri paesi, le sbalorditive
ricchezze accumulate dalla Chiesa cattolica raggiungono livelli
talmente impressionanti da sfuggire a qualsiasi stima razionale".*

*"La Chiesa cattolica è la maggiore potenza finanziaria,
aggregatrice di ricchezze e proprietaria di immobili esistente.
Possiede più ricchezze materiali di qualsiasi istituzione, società,
banca, trust, governo o nazione nel mondo".*

Non esiste alcun metodo razionale per valutare la condizione
finanziaria effettiva della Chiesa cattolica romana. I suoi beni
materiali sono estremamente complessi e si trovano in vari paesi
diversi. Ha più conti bancari di quanto si sappia. Il valore delle sue
proprietà immobiliari sparse per il mondo, incluse cattedrali,
basiliche e chiese, sfugge a qualsiasi calcolo. Esistono circa 3.200
cattedrali e 2.200 basiliche, oltre a chiese parrocchiali e abbazie.

Se hai avuto la possibilità di visitare alcune delle sontuose
cattedrali cattoliche presenti nel mondo, probabilmente sarai
rimasto colpito dalla loro opulenza e maestosità, con bellissimi
marmi importati, arazzi e costosissime decorazioni in oro. I Musei
Vaticani contengono vaste collezioni di opere d'arte, sculture e
gioielli dal valore inestimabile.

Rituali, sfarzi e costosissimi paramenti clericali

Considera la seguente descrizione dell'incoronazione di Papa Gregorio IX (1227-1241):

"Il giorno della sua incoronazione, procedette verso San Pietro, accompagnato da diversi prelati e prese il pallio come era tradizione. Dopo aver recitato la messa, si recò presso il Palazzo del Laterano adornato d'oro e di pietre preziose. Lunedì, dopo aver recitato la messa a San Pietro, ritornò indossando due corone, su un cavallo ricoperto di ricche bardature, circondato da cardinali vestiti di porpora e numerosi esponenti del clero. Per le strade erano stati appesi arazzi, in cui erano stati intrecciati fili d'oro e d'argento, delle più ammirabili manifatture egiziane, intessuti con i più vivaci colori dell'India e profumati con varie essenze aromatiche". - George Waddington, A History of the Church from the Earliest Ages to the Reformation (Una storia della Chiesa dagli inizi alla Riforma), 1834, pag. 335.

In lei non si udranno più musica o voci liete di sposo e di sposa

E non si udrà più in te il suono degli arpisti, dei musicisti e dei suonatori di flauto e di tromba, non si troverà più in te alcun esperto di qualsiasi arte, e non si udrà più in te rumore di macina. In te non brillerà più luce di lampada e non si udrà più in te voce di sposo e di sposa, perché i tuoi mercanti erano i magnati della terra e perché tutte le genti sono state sedotte dalle tue malìe.

– Apocalisse 18:22-23

Capitolo 8

Dio ne ha decretato la distruzione

Un evento improvviso e violento

La grande prostituta verrà distrutta come punizione per aver sviato anime, per aver ucciso i santi di Dio e per aver gettato vergogna sul Suo Santo Nome!

> *Nella misura che essa ha glorificato se stessa e ha vissuto nelle delizie, nella stessa misura datele tormento e cordoglio, poiché essa dice in cuor suo: "Io seggo come regina, non sono vedova e non vedrò mai cordoglio". Per questo, in uno stesso giorno, verranno le sue piaghe: morte, cordoglio e fame, e sarà interamente consumata col fuoco, poiché potente è il Signore Dio che la giudicherà.*
> *– Apocalisse 18:7-8*

La Bibbia parla di un evento o una serie di eventi improvvisi e violenti, che distruggeranno la grande prostituta. Potrebbero rappresentare la distruzione della Città del Vaticano o dell'intera Roma, con la susseguente morte del Cattolicesimo. Oppure potrebbero rappresentare un evento più cataclismico. Profeticamente, qualsiasi sia la punizione che Dio abbia in serbo per questa Chiesa, desidera che chi Gli appartiene la abbandoni, in modo da evitare di prendere parte allo stesso castigo. Non so cosa significhino esattamente i passi che seguono, ma credo che debbano essere presi molto seriamente!

E le dieci corna che hai visto sulla bestia odieranno la meretrice, la renderanno desolata e la lasceranno nuda, mangeranno le sue carni e la bruceranno col fuoco. Dio infatti ha messo nei loro cuori di eseguire il suo disegno.
– *Apocalisse 17:16-17*

E i re della terra, che hanno fornicato e sono vissuti nelle delizie con lei, la piangeranno e faranno lamento per lei, quando vedranno il fumo del suo incendio; essi se ne staranno lontani per timore del suo tormento.
– *Apocalisse 18:9-10*

I mercanti di queste cose, che erano stati arricchiti da lei, se ne staranno lontani per timore del suo tormento, e piangeranno e si lamenteranno dicendo: «Ahi! Ahi! La grande città che era vestita di bisso, di porpora e di scarlatto, e adorna d'oro e di pietre preziose e di perle. Una così grande ricchezza è stata distrutta in un momento!». – *Apocalisse 18:15-16*

Tutti i capitani, tutti i passeggeri e i naviganti e tutti quanti commerciano per mare se ne staranno da lontano e, vedendo il fumo del suo incendio grideranno: «Quale città era simile alla grande città?». E si getteranno della polvere sul capo e grideranno, piangendo e lamentandosi, dicendo: «Ahi! Ahi! La grande città in cui tutti coloro che avevano navi sul mare si erano arricchiti della sua magnificenza, perché è stata devastata in un momento!». – Apocalisse 18:17-19

«Rallegrati su di essa, o cielo, e voi santi apostoli e profeti perché Dio, giudicandola, vi ha fatto giustizia». – Apocalisse 18:20

Poi un angelo potente sollevò una pietra dalle dimensioni di una grossa macina e la gettò nel mare, dicendo: «Con lo stesso impeto sarà scagliata Babilonia la grande città, e non sarà più ritrovata». – Apocalisse 18:21

Vista aerea del Vaticano: il paese più piccolo del mondo

La Bibbia dice che la gente rimarrà di stucco di fronte al fumo delle sue rovine, probabilmente proprio come accadde quando vedemmo in televisione il crollo delle Torri Gemelle l'11 settembre 2001.

Una festa in Paradiso

Dopo queste cose udii nel cielo una gran voce di una grande moltitudine, che diceva: «Alleluia! La salvezza, la gloria, l'onore e la potenza appartengono al Signore nostro Dio, poiché veraci e giusti sono i suoi giudizi. Egli ha infatti giudicato la grande meretrice che ha corrotto la terra con la sua fornicazione, e ha vendicato il sangue dei suoi servi sparso dalla sua mano». E dissero per la seconda volta: «Alleluia! E il suo fumo sale nei secoli dei secoli». – Apocalisse 19:1-3

Possa Dio benedirti grandemente nell'arco della tua vita, crescendo nella conoscenza di Dio e della Sua volontà. Dio ci dice che, se Lo cerchiamo con tutto il nostro cuore, Lo troveremo... e con Lui troveremo anche la pace, la gioia e la vita eterna che porta con Sé. Se ti interessa frequentare uno studio biblico, molti mi hanno consigliato quelli delle Chiese dei Fratelli. Per scoprire se ci sono studi vicino a te, visita www.chiesacristiana.info. – Ken March

www.ingramcontent.com/pod-product-compliance
Lightning Source LLC
Chambersburg PA
CBHW061743020426
42331CB00006B/1334